历史的丰碑丛书

思想家卷

百科全书派的领袖
狄德罗

高文新　编著

吉林人民出版社

图书在版编目(CIP)数据

百科全书派的领袖——狄德罗 / 高文新编著 .-- 长春 : 吉林人民出版社 , 2011.4 （2021.8 重印）

（历史的丰碑丛书）

ISBN 978-7-206-07608-4

Ⅰ . ①百… Ⅱ . ①高… Ⅲ . ①狄德罗，D.（1713 ~ 1784）–生平事迹–青年读物②狄德罗，D.（1713 ~ 1784）–生平事迹–少年读物 Ⅳ . ① B565.28-49

中国版本图书馆 CIP 数据核字 (2011) 第 038187 号

百科全书派的领袖 狄德罗

BAIKE QUANSHU PAI DE LINGXIU DIDELUO

编　　著:高文新

责任编辑:门雄甲　　　　封面设计:孙浩瀚

制　　作:吉林人民出版社图文设计印务中心

吉林人民出版社出版 发行(长春市人民大街7548号　邮政编码:130022)

印　刷:北京一鑫印务有限责任公司

开　本:787mm×1092mm　　1/16

印　张:8　　　　字　数:72千字

标准书号:ISBN 978-7-206-07608-4

版　次:2011年4月第1版　　印　次:2021年8月第2次印刷

定　价:35.00元

编者的话

“欲知大道，必先为史”。

回溯人类的足迹，人们首先看到的总是那些在其各自背景和时点上标志着社会高度和进步里程的伟大人物。他们是历史的丰碑，是后世之鉴。

黑格尔说：“无疑，一个时代的杰出个人是特性，一般说来，就反映了这个时代的总的精神。”普希金说：“跟随伟大人物的思想是一门引人入胜的科学。”

以史为鉴，面向未来。作为21世纪的继往开来者，我们觉得，在知史基础上具有宽广的知识结构、开阔的胸襟和敏锐的洞察力应是首要的素质要求，而在历史的大背景中追寻丰碑人物的思想、风范和足迹，应是知史的捷径。

考虑到现代人时间的宝贵，我们期盼以尽量精短的篇幅容纳尽量丰富的信息，展现尽量宏大的历史画卷和历史规律。为此，我们编撰了这套丛书。

编撰丛书的过程，也是纵览历代风云、伴随伟人心路、吸收历史营养的过程。沉心于书页，我们随处感受着各历史时期伟大人物所体现的推动历史进步的人类征服力量。我们随着伟人命运及事业的坎坷与辉煌而悲喜，为他们思想的深邃精湛、行为的大气脱俗而会意感慨、拍案叫绝。

然而，在思想开始远游和精神获得享受的同时，我们也随之感受到历史脚步的沉重和历史过程的曲折。社会每前进一步都是艰难的，都伴随着巨大的痛苦和付出。历史的伟大在于它最终走向进步，最终在血污中诞生了鲜活的“婴孩”。

历史有继承性和局限性，不能凭空创造。伟人也有血肉，他们的思想、行为因此注定了同样具有历史的局限性和阶级的、时代的烙印；他们的功业建立于千千万万广大人民群众伟大创造的基础上。历史是人民群众创造的，伟大的人物们是历史和时代造就的。同时，我们也无法否定此间他们个人的努力。这也正是我们编撰这套丛书的目的。

我们期盼着这套丛书得到社会的认同，对读者，特别是青少年读者之历史感、成就感和使命感的培养有所裨益。史海浩瀚，群星璀璨。我们以对广大青少年读者负责的精神，精心遴选，以助力青少年成长进步，集结出版了《历史的丰碑》系列丛书，敬请读者批评、指正。

编委会

狄德罗是18世纪法国启蒙运动的思想家和领袖之一。他团结整个法兰西知识界，编写人类历史上第一部《百科全书》。他为《百科全书》呕心沥血，艰苦卓绝地奋斗了几十年，终于以惊人的毅力和才华完成了人类文化史上的这一丰功伟绩。

狄德罗是法国唯物主义哲学即百科全书派的代表人物，是战斗的无神论者，是人道主义和启蒙运动的战士。以他为代表的法国百科全书派哲学，成为马克思主义的理论来源之一。

狄德罗是法国市民资产阶级的儿子，他在18世纪的生活经历是那个时代法国社会的典型写照。通过狄德罗，人们可以看到法国人为了真理而献身的热情，看到法国人浪漫豪爽的民族性格。狄德罗是理解启蒙运动、理解法国大革命、理解法国文化的一把钥匙。

目　录

历史的丰碑丛书

成长于大革命前夜

弱者坐失良机，强者制造时机。

——居里夫人

1713年10月5日，法国朗格尔城圣皮埃尔教区，制刀匠季迪耶·狄德罗家里，第二个儿子诞生了，老制刀匠为其取名德尼·狄德罗。正是这一年，国王路易十四宣告国库停止兑付而破产。

狄德罗家虽然不是贵族，不属于第一、第二等级，但却是个小康之家，是个资产者。老制刀匠是个勤劳、俭朴、善良的人，他乐于助人，许多人都得到过他的帮助。他在去世前留下了遗嘱，除了给每个孩子都留下一笔钱之外，也没有忘记留给自己的仆人一些资助。狄德罗继承了父亲的人道主义、公正、善良和诚实，以及父亲的其他优良品质。15岁以前，他在父母身边度过自己的童年。11岁时，他被送进朗格尔天主教耶稣会中学，在这里学习了4年。从15岁开始，狄德罗到巴黎读书，在中学寄宿读书。从这以后，狄德罗一

←法国国王路易十四

直住在巴黎，前几年，从父亲那里得到生活经费。1759年，狄德罗46岁时，他父亲去世了，狄德罗回到故乡，乡亲们恭敬地接待了这位哲学家，但他们更尊敬的还是故世的制刀匠。一位老相识在路上遇见狄德罗时说："您是一个好人，狄德罗先生，但如果您指望将来能同您父亲媲美的话，那可就错了。”从这件事可以看出，狄德罗从小生活在一个富有人情和优良传统的家庭。

狄德罗家族不仅是制刀匠，这个健壮的家族成员的职业是多种多样的，有木桶匠、理发师、书商、玻璃匠、皮革匠、马车匠，等等，同时家族中还有人从

→狄德罗

←法国巴黎街头的食品店

事法律和牧师工作。狄德罗没有继承家传的任何手艺，没有成为匠人，但他继承了家庭的精神，他仍然属于第三等级，是第三等级的思想家和代言人。

狄德罗是个年轻人，出身平民，进入巴黎以后，在那种灯红酒绿的环境中，难免会沾染一些浪荡习气。19岁以前，狄德罗老实地读书，1732年9月2日，他获得了索邦学院的艺术硕士学位。从此，他结束了学业，力图进入上流社会，开始了近似于流浪的生活。狄德罗没有放弃读书，而且相当刻苦，洛克、霍布斯、牛顿的英文著作他都说读过。他不再接受父亲为他安

→狄德罗

排的人生之路，在父亲停止了生活经费的供给以后，他开始自己挣钱谋生，在收入断绝的时候，还曾接受过教堂的施舍。他为传教使团写过布道稿，做过家庭教师。狄德罗度过了艰难的年代，出版了第一本书《希腊史》，从此以后，开始了以写作为主要谋生手段的生活。狄德罗读书广泛，知识面相当宽。一个第三等级的子弟，独自一个人在巴黎闯世界，这种情况，决不只是狄德罗一人，在当时的法国知识界，有一大批出身平民的文化人。后来与狄德罗一起主编《百科全书》的达朗贝尔，也是出生后被父母遗弃在平民家里长大的人。狄德罗在文人聚集的咖啡馆里认识了卢梭，两人成了朋友，而且友情保持了许多年。狄德罗的私生活是十分复杂的，先后有过一些女友，婚姻也不稳定，这些不能用今天中国人的眼光来看待，要从18世纪巴黎社交界的状况来理解。

狄德罗生活在巴黎，生活在上流社交界，并且了解法国上流社会，同许多文化人交往切磋。正是有了这些条件，他才能得出反传统的结论，才能创造出新的哲学。不是因为法国的思想家们读了英国的书籍而成为自由思想家，而是因为他们了解了法国的现实，了解了他们周围的生活，才使他们拍案而起，建立了自由的哲学。

→查理大帝

狄德罗成长的年代，正是欧洲经历了查理大帝以后近千年的变迁，政治的、社会的、思想的，各种各样的矛盾积累到不可调和的程度，正孕育着大革命的暴风骤雨的时代。这种时代精神在法国表现得尤其突出，于是法国成了火山爆发的突破口。

风云变幻的年代是产生英雄群落的时期，狄德罗生逢其时。

相关链接

XIANGGUAN LIANJIE

狄德罗的家庭教育

在法国朗格尔天主教耶稣会中学，有一名学生常常以出色的回答博得老师和同学们的掌声，他以优异的成绩使他的父母对他充满了期望。和所有天下的父母亲一样，他们也希望自己的儿子将来能够出人头地。但是有一天，这个中学生忽然对他父亲说，他不想上学了。父亲没有责备儿子，只是看了儿子一眼，平静地说："那好，到工场去吧，以后就当个制刀匠。"此后，这个中学生离开了校园，到父亲的工场里成为一名工人。可是，他接连5天为制作一把柳叶刀忙得团团转，还是毫无结果。父亲一声不吭。中学生糟蹋了材料，损坏了工具。但是，父亲装作什么也没有看见。第5天快过去了，父亲同样心平气和地问道："怎么，干不了吧?"这个中学生一言不发。第二天清早他收拾好自己的课本，急匆匆地上学校去了。

后来，这个中学生成为法国18世纪杰出的思想家，法国启蒙运动的代表人物之一，他在唯物

论和文艺理论方面大大超过了他同时代的思想家，他就是狄德罗。他主编的《百科全书》引领了法国启蒙运动的高潮。

狄德罗的父亲是明智的，他没有强迫儿子到学校去，而是尊重儿子的选择，让事实使狄德罗明白了其实学习才是他最恰当的选择。也许是家教渊源的影响，当狄德罗成为父亲之后，他也像他的父亲一样，十分注意寻找教育孩子的合适方法。

狄德罗有过几个孩子，但是都夭折了，只有一个女儿活了下来，她就是昂热丽克。狄德罗让他的朋友索菲或妹妹勒让德尔夫人来教育孩子，他还请了一位家教，教授女儿历史、地理，余下的时间教她钢琴。狄德罗要根据自己所珍视的原则去教育女儿，排除任何迷信，只听从理性，向她灌输对真、善、美的热爱，让她明白，善会由于行善的欢乐以及它所激起的博爱而得到双倍的报偿。

女儿在成长，她有些使人意想不到的高雅见解，小小年纪就已经能够谈论伦理了。一个星期天，狄德罗发现女儿过分成熟，觉得应该严肃地和女儿谈谈，于是向女儿提出了这样一个问题："你知道男女之间在道德上存在差别吗?"

女儿张口结舌，一时答不上来。于是他又说："你知道男人向女人说那些风流话意味着什么吗?它意味着：小姐，为了对我表示好感，你可愿意自毁名誉，失去身份，使自己被摒弃于社会之外，被关到修道院去，让你的父母痛苦地死去吗?"他的教育，使女儿懂得了一个女孩子该做什么以及如何与男孩子交往。在女儿18岁那年，有位青年来求婚。狄德罗事后对朋友说："我没有同他谈及财产，这不是我看重的。虽然我没有同他谈及财产，但我最重视的是理性、道德、正直的职业和身体的健康情况，我相信他具有大部分优点，但还要征求她母亲的意见，另外，女儿也有绝对的自主权。"

狄德罗就是用这样的方式对待孩子的成长，他始终抱着一个宽容的心，一种理性的态度，与孩子平等交谈。

查理大帝的遗产

德国、法国和英国是现代史上的三个占主导地位的国家，我认为这是肯定的事实。德国人是信仰基督教唯灵论的民族，他们经历的是哲学革命；法国人是信仰古代唯物主义的民族，因而是政治的民族，他们必须经过政治的道路来完成革命。

——恩格斯

英国、法国和德国，在近代史上是具有最重要意义的国家，因为它们分别进行了影响人类历史进程的17、18和19世纪的三次大革命。经过这三次大革命，人类社会从封建主义进到资本主义，同时，人类社会也从农业社会进到工业社会。在这三次伟大的革命中，18世纪的法国大革命有其鲜明的特点。法国大革命进行得最壮丽，对历史与社会的影响最深刻。大革命从思想准备的启蒙运动，到群众奋起并建立共和国，发布了《人权宣言》，经历了各种政权形式，最后经拿破仑把革命的成果强行地推广到君主制占主导的欧洲大陆，整个过程波澜壮阔，真是惊天地泣鬼神。注重实验的英国人和思维缜密的德国人不会采取这样的革命，只有热情浪漫的法国人才会进行这样让人陶醉的革命。当然，我们把这场革命当做历史加以研究和欣赏时，我们所为之赞叹的每一个尝试，法兰西人都付出了生命和鲜血。狄德罗是这场革命中的一位伟大人物，是在这场革命中发挥了重要作用的历史人物。

←《人权宣言》

法兰西的历史大致可以从公元5世纪的法兰克王国讲起。古代欧洲文明在经历了1000多年的古希腊和古罗马两个时期以后，在公元5世纪，由于北方的日耳曼人入侵而衰落。西罗马帝国被日耳曼的“蛮族”所摧毁，日耳曼人的各分支在欧洲建立了许多国家，部落的军事酋长们脱去了兽皮，穿上了华丽的官服，摇身一变成了国王和贵族。但是，爆发的新贵可以在

→启蒙运动

经济、政治上迅速崛起，却不可能在文化上突飞猛进。从5世纪开始的欧洲历史正是这种情况。野蛮的日耳曼人用武力摧毁了罗马帝国，但是，他们还没有文字，这就是说，在欧洲大陆上，有若干个世纪，国王和贵族们都不识字，整个社会处于文化的“黑暗”时期。在西欧，日耳曼人摧毁了古代文明的一切，只有基督教保留了下来。从5世纪开始，西欧只有一种文字，就是拉丁文，是天主教会用来传教布道的文字，这时候，没有英语、法语、德语、西班牙语和意大利语，这些新的民族和语言还没有形成，只有拉丁文这点古代文明残留的火星。正是在欧洲文明这样的大背景下，开始了法兰西的历史。

相对比较来说，法国是欧洲封建社会发展较早较快的国家。日耳曼人的一支法兰克人建立了法兰克王国，与西哥特人建立的西班牙和盎格鲁撒克逊人建立的英吉利等，同为西欧的早期封建国家。在这些王国中，只有法兰克王国得到了辉煌的发展，其在欧洲的疆域甚至超过了罗马帝国。

法兰克王国是由墨洛温家族的克洛维建立的。法兰克人在入侵罗马帝国之前主要居住在莱茵河沿岸，其社会制度处于氏族社会末期的军事民主制阶段，已经开始了阶级分化，氏族贵族和军事首领的权势不断增长。486年，克洛维率领法兰克部落在巴黎东北的苏瓦松打败了罗马军队，夺取了大片土地。苏瓦松战役是一次决定性的战役，为法兰克王国的形成奠定了基

→法兰克王国

础，克洛维由一个部落联盟的军事首领转化为真正的国王。法兰克人一向信奉多神教，习惯于偶像崇拜，这类似于1000年前古希腊的奥林匹斯教。由于东西方文化的融合，基督教吸收希腊哲学和犹太神学的精华，发展成西方最先进的意识形态，所以基督教成长为罗马帝国的国教，并且在罗马帝国灭亡后仍然保留下来。克洛维意识到，同天主教会结盟是扩大力量的最好选择，496年，他率领亲兵3000人到兰斯教堂接受洗礼。克洛维的这一决定对法兰克王国有重要的意义，天主教会支持他扩充领土。他不断地进行战争，逐步地征服了整个高卢（古地名，位于今日的法国）。法兰克人在征服高卢的过程中实现了从氏族制度向国家机构的转化。克洛维编制了《萨利克法典》，标志着法兰克王国从氏族公社转变为封建国家。克洛维建立了法兰克王国，开始了这个王国的墨洛温王朝的统治，墨洛温王朝一直延续到8世纪中叶被加洛林王朝所取代。

实现法兰克王国的墨洛温王朝转变为加洛林王朝的是查理·马特尔。8世纪，建立了200多年的法兰克王国失去了有效的统治，陷入了四分五裂的状态，连年干戈扰攘。当时，法兰克王国境内存在两个小王国，以及一些独立的贵族领地。小王国的国王由墨洛温家

←法兰克王国

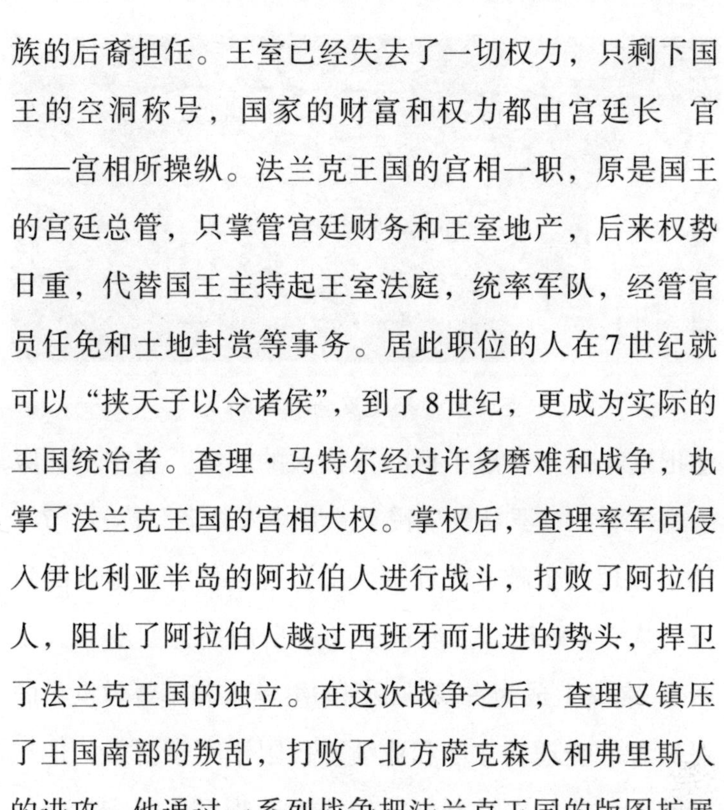

族的后裔担任。王室已经失去了一切权力，只剩下国王的空洞称号，国家的财富和权力都由宫廷长官——宫相所操纵。法兰克王国的宫相一职，原是国王的宫廷总管，只掌管宫廷财务和王室地产，后来权势日重，代替国王主持起王室法庭，统率军队，经管官员任免和土地封赏等事务。居此职位的人在7世纪就可以“挟天子以令诸侯”，到了8世纪，更成为实际的王国统治者。查理·马特尔经过许多磨难和战争，执掌了法兰克王国的宫相大权。掌权后，查理率军同侵入伊比利亚半岛的阿拉伯人进行战斗，打败了阿拉伯人，阻止了阿拉伯人越过西班牙而北进的势头，捍卫了法兰克王国的独立。在这次战争之后，查理又镇压了王国南部的叛乱，打败了北方萨克森人和弗里斯人的进攻。他通过一系列战争把法兰克王国的版图扩展到东起未塞尔河，西抵大西洋，西南接比利牛斯山，北至北海，使法兰克成为一个强大的国家。他已经实际上成为法兰克王国的真正统治者。查理·马特尔的儿子查理·丕平继承父位，并且在教皇的支持下，于751年废掉了长期徒拥虚名的墨洛温王朝的末代君王，成为加洛林王朝的第一代国王。

加洛林王朝的第二代君王就是著名的查理大帝。查理大帝从父亲手中接过了一个西欧最强大的国家，

查理大帝接受罗马教皇加冕

他把这个国家变成了西欧最伟大的国家。他率军征服了意大利，被罗马教皇授予“罗马人长老”称号。778年，查理大帝越过比利牛斯山，进攻西班牙地区的阿拉伯人。800年，查理被罗马教皇加冕为“罗马人皇帝”，名义上成为古罗马帝国的继承人和基督教世界的保护者。查理的才能和业绩不仅限于军事征服，他在行政、司法与军事制度，经济生产管理体制，教会组织规章，文化教育各方面都推行了一系列措施，在很大程度上奠定了西欧封建社会的发展模式。

尤其应该谈到查理大帝在文化上的功绩。他重视教育和文化事业，从欧洲各地罗致知名学者。据说，查理大帝学习了几种古代语言，认真掌握了语法、修辞、辩论、算术、几何、天文和音乐这“古代七艺”。他在宫廷和各地建立了许多学校，开创了中世纪的经院哲学的方式。他汇集了一大批学者，取得了许多文

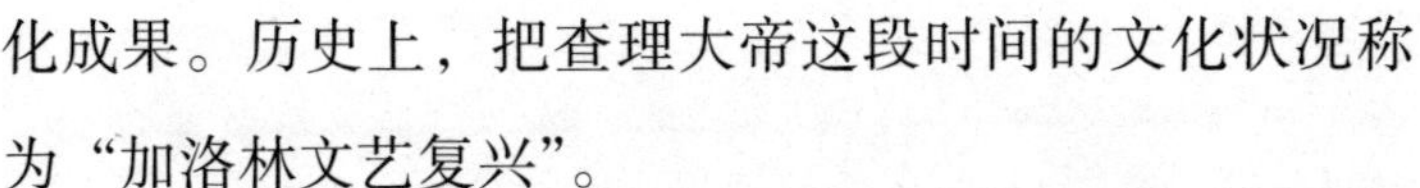

化成果。历史上，把查理大帝这段时间的文化状况称为“加洛林文艺复兴”。

查理大帝创造的鼎盛局面未能维持多久，帝国本身潜伏着非查理个人努力所能消除的危机。这个在西欧的版图超过西罗马帝国的庞大帝国存在着许多部族和部落，其文化和社会发展水平各不相同，各地区之间没有统一的经济纽带，缺乏统一的文化信仰观念。教俗封建主在帝国扩张过程中，势力变得空前强大，经济上、政治上统治地位也大为巩固，他们已不再需要统一而强有力的王权，他们成为王权的反对者，成为割据势力。查理在他统治的后期采取了一些措施，与各地封建领主争夺政治上、经济上的控制权，但在当时自然经济占绝对地位的社会条件下，中央政权没有维持长期统一的社会经济基础和力量。806年，查理预立遗嘱，把帝国平分给三个儿子，由于两个儿子先他而死，使帝国分裂推迟了几十年。843年，查理的三个孙子在凡尔登缔结条约，将帝国三分。一个得到莱茵河以东地区，称东法兰克王国，后来，逐渐演变为德意志；一个得到西部，称西法兰克王国，后来成为法兰西；一个得到中南部，并继承帝号，发展为今天的意大利。查理大帝的遗产构成了近代西欧三个主要国家，并且决定了欧洲版图的基本模型。

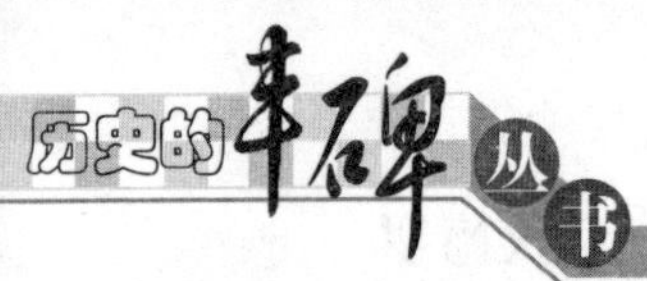

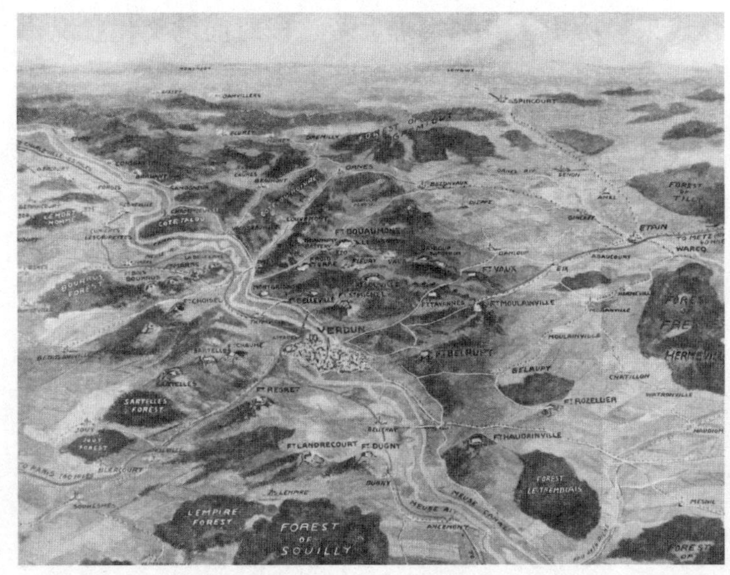

←《凡尔登条约》划分的界限

法兰克王权的衰落并不仅是帝国的分裂，而且在对封建割据势力的控制方面，王权也软弱无力。全国的封建主虽然承认国王为最高宗主，但实际上国王对他们不能控制。王室领地仅限于巴黎一带，面积等于一个小公国，称为“法兰西岛”。其他地区分裂为许多大封建领地，如布列塔尼公国、诺曼底公国、安茹伯国、香槟伯国、勃艮第公国等地方。领有这些封地的公爵和伯爵，对国王几乎是完全独立的。

一个统一的独立的法兰西还需要几百年的时间，需要民族融合，需要发展经济，需要共同的文化观念的建立，而当这些条件慢慢具备时，王权重新统一全国，一个崭新的法国就出现了。

→法国巴黎的城堡

法国王权的兴起和国家的统一需要一种社会力量，这种社会力量支持王权，支持统一，如果仅靠软弱的王权自己，是斗不过强大的割据势力的。这种社会力量终于出现了，这就是新兴的城市市民阶级。随着生产力的缓慢进展，手工业同农业分离开来。手工业不同于农业，要依赖于交换。于是，在交通要道、关隘、渡口以及贵族城堡和教堂附近，兴起了一些集市，并发展为以手工业和商业为主的城市。手工业者和商人是市民的主体，市民希望加强交换，摆脱割据贵族的剥削，反对割据势力之间的政治和经济隔绝，支持统一的全国市场。市民阶级是近代资产阶级的前身，在发展的早期，需要王权的保护以同封建领主做斗争。

王权和市民阶级结成了同盟，要求国家统一；割据贵族和教会结成死党，因为教会只有在王权软弱的情况下才会以教权去压迫王权，王权软弱对贵族和教会有利。王权与市民阶级的联盟包含着矛盾，王权是封建专制的，市民阶级是要求民主平等的，但是，这种差别只有在市民阶级强大起来提出政治要求时才会出现，在中世纪，王权与市民联合起来反对割据 势力。

城市工商业的发展为法国王权的增强创造了条件。13世纪，法国开始实行全国统一货币，开始建立不依赖于贵族临时征召的正规军队，归国王指挥，中央政府的权力开始加强。王权的增强一方面表明克服分裂状态，一方面预示着统一的法兰西民族国家的形成。

当法国刚刚开始表现出独立、统一的国家雏形的时候，就遇到了同教会的冲突。罗马教廷向西欧各国地方教会征收贡税，长期侵害各国利益。各国君主不敢反抗，否则将被革除教籍，失去王位。法国王权有力量了，敢于同教权相抗

←罗马教廷

→腓力四世

衡了。14世纪初，法国国王腓力四世为加强王权和统一法兰西的战争需要，禁止法国的金银钱币出境，断绝向教会纳税，并且下令逮捕法国大主教，以叛国罪投入监狱。腓力四世还派人攻入教皇住所，痛打教皇。1305年，在腓力四世压力下，一名法国主教当上教皇，并且把教皇宫邸迁到法国与意大利接壤的边境小城阿维农。由此开始，七任教皇都是法国人，教廷在阿维农历时70年。这一事件说明，教权已经衰落，统一的民族国家正在形成，王权正在强大。天主教会已经不再是凌驾于各国王权之上的超国家权力，它所支持的封建割据势力也将臣服于统一的王权之下。

在法国王权同教会的斗争中，为了获得国内支持，腓力四世召开了法国历史上著名的“三级会议”。参加会议的第一等级是高级教士、僧侣，第二等级是世俗贵族，第三等级是城市市民。国王召开这种会议的目的是为了让各等级分担新税，各等级之间利益不一致，难免发生争吵。三级会议的召开使法国国家政权的形式发展到一个新阶段，即具有等级代表会议的君主制，或简称等级君主制。这反映了法国社会结构的变化，说明了新兴的市民阶级在法国社会中已经成为一支不可忽视的力量。

法国的政治统一稳步进行，到15世纪末，国王在各工商业城市市民阶级的支持下，战胜了各地割据的封建主，使法兰西国家的政治统一基本完成。市民阶级所从事的工商业使他们在经济上占有优势，他们用钱买官职，买没落者的土地、贵族的爵位，力图挤进上流社会。但是，贵族们看不起他们，轻蔑地称他们为“穿袍贵族”，以区别于真正的“佩剑贵族”。看来，

←三级会议

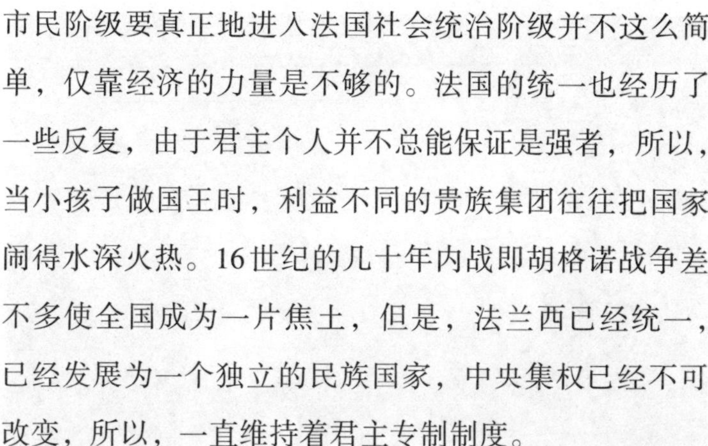

市民阶级要真正地进入法国社会统治阶级并不这么简单，仅靠经济的力量是不够的。法国的统一也经历了一些反复，由于君主个人并不总能保证是强者，所以，当小孩子做国王时，利益不同的贵族集团往往把国家闹得水深火热。16世纪的几十年内战即胡格诺战争差不多使全国成为一片焦土，但是，法兰西已经统一，已经发展为一个独立的民族国家，中央集权已经不可改变，所以，一直维持着君主专制制度。

法国的君主专制在路易十四在位期间达到顶峰。他亲政的55年间，法国称霸欧洲。宫廷里把路易十四称作“太阳王”。凡尔赛宫的庄严礼节成了欧洲各国君

→胡格诺战争

←路易十四

主模仿的榜样。但是，君主专制的顶峰同时也是其衰落和灭亡的起点。几个世纪以来，市民阶级一直支持王权反对割据势力，同时也在王权的保护下发展工商业。这种联合只能是历史的。从本质上说，王权与专制是一回事，或者说，是紧密相连的。市民阶级在经济活动中是以等价交换的市场原则为前提的，平等、自由、民主是市民阶级本身所必然主张的意识，离开了自由平等，就没有资本主义经济，也没有市民资产阶级。一旦王权发展到极点，一旦市民资产阶级强大到提出自己的主张和要求，这种联合就不再存在。新的阶级关系产生了，一方是国王、贵族和僧侣，一方是以资产阶级为领袖的人民。

英国在17世纪已经进行了一场革命，这场革命虽然也曾把国王送上了断头台，但是，它最后以阶级妥协的所谓“光荣革命”而结束。妥协的结果是君主立宪制，保留了王权，保留了贵族的某些特权，资产阶级进入议会并占有多数，获得了立法权。这种讲求实际的阶级妥协使英国民族几百年来得到了利益，却缺少热情和浪漫的生活方式。英国革命并没有在欧洲范围内解决用资产阶级文化取代封建主义文化的问题，整个欧洲，整个人类仍然需要一次自由、平等、理性的启蒙，这有待于富于想象力而又热情浪漫的法国人。当然，法国资产阶级的革命态度并不是个生活方式问题，而是法国社会阶级关系的结果。首先，从宗教方面说，英国进行了自上而下的宗教改革，把封建的教会改造成资产阶级的教会，虽然英国新教也有一些派别，英国国教会也不容忍新教徒，但没有发生大规模的宗教迫害。在法国，天主教会在专制政权的支持下，对新教徒（胡格诺派）进行残酷的镇压，设立宗教裁判所进行宗教迫害。这种宗教背景使法国资产阶级必须反教会，采取无神论的态度，全面地批判封建教会，唤醒人们的理性与科学意识，以建立资产阶级的新社会。其次，从政治方面看，法国封建贵族拒绝与资产阶级分享统治权，完全排斥资产阶级。路易十四宣布，1631年以后，资产阶级用重金买到的贵族爵号全部作废，这就堵死了资产阶级的晋级之路。资产阶级要取得权力，只有一条路，从贵族手中去夺取。恩格斯在分析法国资产阶级革命的彻底性特点时说："路易十四的暴力措施只是方便了法国的市民阶级，使他们可以赋予自己的革命以唯一同已经发展起来的资产阶级相适应的、非宗教的、纯粹政治的形式。"法国资产阶级只能同封建贵族彻底决裂，只能动员整个第三等级的力量，联合农民和城市贫民同封建主义决战，没有别的道路。

人民已经忍无可忍，一场大革命一触即发。

狄德罗的哲学思想

狄德罗的哲学思想既反映形而上学的思维方式，又夹杂着一些辩证法的因素。1749年发表的《论盲人书简》充分表述了无神论思想。这种思想没有停留在以触觉为衡量事物存在与否的准则上，深入到了理论思维的领域。狄德罗把世界设想为一个大系统，认为其中存在的只有时间、空间与物质；物质本身具有活力，能够自行运动，不需要它以外的神秘力量参与；运动是物质的一种属性，物质与运动不可分割的联系造成绚丽多彩的大千世界，这个世界是统一的，统一于物质；由于物质不断运动，永远处于变化的过程中，所以新鲜的事物层出不穷；所有的事物都相互联系，联系与统一具有内在的逻辑上的蕴涵关系。在狄德罗的自然观中，含有转化的观念。他肯定自然事物可以相互转化，转化还涉及事物质的变化。但狄德罗的自然观仍然存在形而上学倾向。他把一切变化都归结为“纯粹数量增长”，把自然中的因素看做是一成不变的，认为由元素组合的事物，通过嬗变而彼此交替，只能形成循环的局面。

在认识论方面，狄德罗强调感觉论，认为出现在理智之中的，必然首先导源于感性认识，他从认识的起源上反驳先验论以及纯属思辨性质的形而上学。他主张感性认识与理性认识两条轨道相辅相成，共同推进人类认识。

狄德罗在坚持唯物主义哲学观点的同时，又具有同时代唯物主义者缺乏的辩证法思想，有些学者认为他的唯物主义应该称为过渡性的唯物主义。

狄德罗站在法国第三等级的立场上，坚持国家起源于社会契约，君主的权力来自人民协议的观点。他指出，能够实现人民自由平等的是政体，任何政体都是要改变的，它的生命同动物的生命一样，必然趋于死亡。封建专制政体终会消逝，由适合人性的政体取而代之。

壮丽的日出

这是一次壮丽的日出。一切能思维的生物都欢庆这个时代的来临。这时笼罩着一种高尚的热情，全世界都浸透了一种精神的热忱，仿佛第一次达到了神意和人世的和谐。

——黑格尔

上面这段话出自黑格尔的《历史哲学》。从这段话里，我们可以看出，黑格尔是怀着一种什么样的崇敬的心情在热烈地讴歌法国的大革命，这种心情，事后的人们是难以体会的，只有置身于那种环境，亲身体验到法国大革命给人们所带来的启示与解放的人，才会理解黑格尔的讴歌。黑格尔作为德国人，感受到法国启蒙运动和大革命带给他的启示，激发了极大的热情，那么，处身于革命

↑黑格尔

之中的法国人，是怎么行动和感受的呢？

←笛卡尔

近代法国的思想家毫无例外地以笛卡尔为他们的先驱，以笛卡尔为法国的荣誉和骄傲。笛卡尔奠定了近代法国文化的基本观念，即理性与怀疑。笛卡尔是法国近代最伟大的哲学家。同时，笛卡尔是著名的数学家，是近代解析几何的创立者。他把自古以来的常量数学发展为变量数学。他是有成就的物理学家，是动量守恒定理的发现者之一。在从事科学和哲学思考的过程中，笛卡尔提出理性是唯一标准和原则。任何观念，无论是出于传统，还是来源于权威，或者是千百年来天经地义的习惯，都需要在理性面前辩明自己的合理性，否则都应在新的思想体系中加以清除。为了建立确实可靠的知识，就要找到

理性能够接受的十分清楚明白的第一观念作为起点，在此基础上进行推理来建立知识。例如，数学就是在一些十分清晰的公理之上建立的，两点之间直线最短，等量加等量其和相等。有了这些明白的公理，借助于推理，获得了数学知识体系。同样，要建立哲学知识也应这样做。什么是理性普遍接受的十分清晰的哲学公理呢？这不像数学那么简单，要经过一番工夫才会得到。笛卡尔认为，为了得到形而上学（即哲学）的第一原理，必须经过一番彻底的怀疑。怀疑要坚决、完全，我们心中现有的一切观念都要受到怀疑，也就是要怀疑一切，当然包括宗教观念。当我们这样怀疑的时候，会发现有一件事实，即“我在怀疑”，这是不可怀疑的。因为，如果“我在怀疑”这一点都不能确定，那么就无法怀疑下去了。我怀疑，也就是我思想，所以，我们可以

→笛卡尔手稿

←笛卡尔

得到一个基本命题："我思想，所以我存在。"这个命题是如此的明白，任何理性都不会否认，可以作为形而上学的第一命题。正是在这第一命题的基础上，笛卡尔推论出了心灵、上帝、物质三个实体，建立起他的形而上学体系。

笛卡尔的整个推理过程体现了一种十分彻底的原则精神，理性高于一切，在理性的法庭面前，一切观

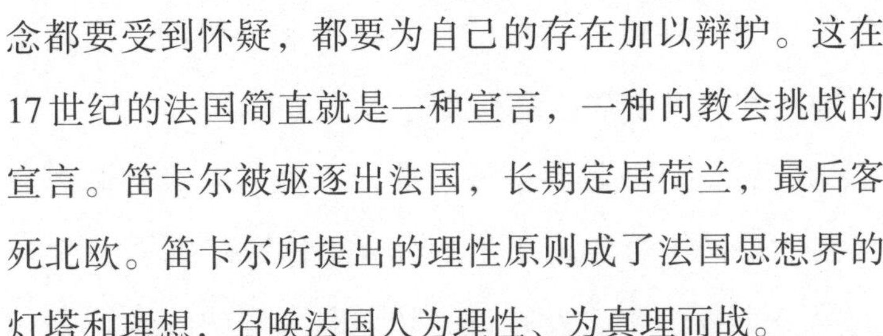

念都要受到怀疑，都要为自己的存在加以辩护。这在17世纪的法国简直就是一种宣言，一种向教会挑战的宣言。笛卡尔被驱逐出法国，长期定居荷兰，最后客死北欧。笛卡尔所提出的理性原则成了法国思想界的灯塔和理想，召唤法国人为理性、为真理而战。

尽管笛卡尔提出了理性原则，但在17世纪，整个西欧思想界还是要屈从于教会的压力。同时，观念思想的变革是艰难的，哲学家们还难从长期的基督教神学的影响下摆脱出来。所以，17世纪的哲学带有转折的性质，一方面是资产阶级的思想，一方面又保留有

→基督教（镶嵌画）

传统思想的性质，荷兰的斯宾诺莎和德国的莱布尼茨所创立的形而上学体系都具有这种性质。

最先要打破教会束缚，要建立资产阶级的新思想体系的是法国哲学家培尔。马克思称赞培尔是18世纪的第一个哲学家，就是说，培尔是最早表现出启蒙精神的人。培尔把笛卡尔的理性原则表述得更加明确。他指出，理性和信仰是两种截然对立的东西，宗教信仰是不能用理性论证的，不要企图理解神秘的东西。要坚持理性，就是持怀疑的态度。怀疑有利于科学，不利于宗教。宗教需要盲目的信仰，如果人们对宗教教条持怀疑态度，它就站不住脚了。从这里可以看出，培尔的态度是反天主教的。对于今天的人们来说，宗教信仰和科学理性是两码事，人们分得清楚，但是，这种分得清楚正是18世纪启蒙运动以来的成果。从公元2世纪开始，基督教一直在建立以理性论证为根据的神学，给神学披上真理的外衣，1000多年的宗教统治，上帝的启示就是真理是欧洲人天经地义的信条，要破除这一点谈何容易。如果破除传统观念轻而易举，那么思想解放就没有意义了。培尔还否认了天主教的伦理功能。教会一直宣称，人们行善是因为畏惧上帝，没有教会社会就要混乱败坏。培尔提出，由无神论者组成的社会是完全可能的，无神论者能够成为道德可

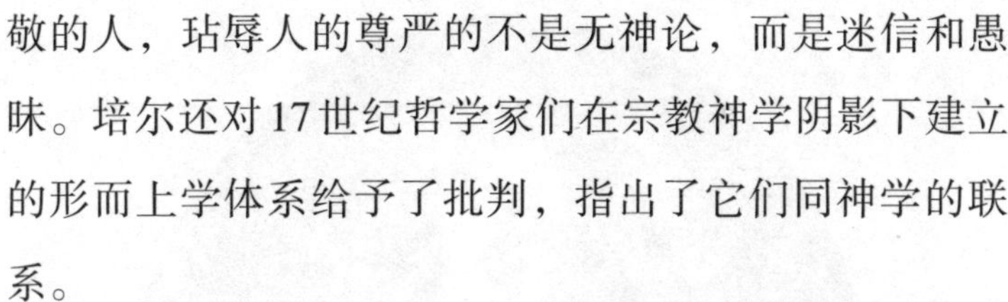

敬的人，玷辱人的尊严的不是无神论，而是迷信和愚昧。培尔还对17世纪哲学家们在宗教神学阴影下建立的形而上学体系给予了批判，指出了它们同神学的联系。

历史进入了18世纪，由于资本主义制度在英国的建立，由于等价交换的生产关系在欧洲大陆的普遍建立，由于法国资产阶级的成长壮大，资产阶级已经不能容忍经济上的巨人被屈辱地贬低为第三等级。资产阶级不仅在经济上成为主导，而且要求在政治上和文化上成为主导。法国大革命的思想准备开始了，社会思潮开始发生根本性的改变，在笛卡尔、培尔所开创的理性和怀疑精神的指导下，法国的启蒙运动开始了。

启蒙运动的领袖是伏尔泰。他在这场轰轰烈烈的革命中积极活动了60余年，写出了上百卷的著作，无论从奋斗时间之长和著作数量之巨，还是从涉及范围之宽广方面，伏尔泰都不愧是启蒙运动的泰斗。维克多·雨果说："伏尔泰的名字所代表的不是一个人，而是整整的一个时代。"伏尔泰生于巴黎一个富裕的资产者家庭，虽天资聪慧，却在学校中受到贵族子弟的歧视，给他的心灵埋下了反抗封建主义的种子。他在饱学了历史名著和自由主义思想之后，走上了反对封建专制和教权统治的人生之路。青年伏尔泰因一首针对

←伏尔泰

宫廷的讽刺诗于1717年被投入巴士底狱，被囚禁了11个月。此后的八九年间，伏尔泰创作大量诗歌和戏剧，他的剧作在巴黎上演受到欢迎，他赢得了“法兰西最优秀的诗人”的桂冠。1725年，伏尔泰竟遭到一个小贵族的痛打，并被罗织罪名再次入狱。在巴士底狱关押近一年后，他被驱逐出境，流亡英国。伏尔泰在英国居住3年，考察了英国的政治、哲学与科学，写下了大量的书信，介绍英国的君主立宪制，提倡反对传统神学的经验论哲学和牛顿的自然哲学。1734年，《哲学通讯》出版，这本书被查封并当众焚毁，法院下令

→伏尔泰

逮捕作者，伏尔泰再次逃亡。他先后在德国、瑞士等许多地方居住，但无论在哪里，他都不停地写作。他热情地支持狄德罗主编的《百科全书》，为它撰写辞条。他撰写的辞条单独汇编，即《哲学辞典》。伏尔泰的声望越来越高，人们称颂他为法兰西民族的骄傲。他还健在的时候，人们就募捐请法国最优秀的雕塑家毕伽耶为他制作了大理石雕像。1778年，伏尔泰凯旋巴黎，受到热烈欢迎，群众迎接这位启蒙思想家的狂热场面变成对封建势力的一次声势浩大的示威。这说明整个社会已经同法国封建统治集团对立起来。

伏尔泰的思想并不激进。在政治上，他是主张君主立宪的。在宗教上，他批判宗教的愚昧与无知，反对教会的专制与腐化，甚至是教会的敌人，但是，他并不是无神论者，而是自然神论者。他相信灵魂与上帝，这完全出于社会整合的考虑。他说："即使没有上帝，也必须捏造一个。"他认为必须相信灵魂不灭，否则人们将无所畏惧地作恶。伏尔泰的自然法思想很有

←伏案工作的伏尔泰

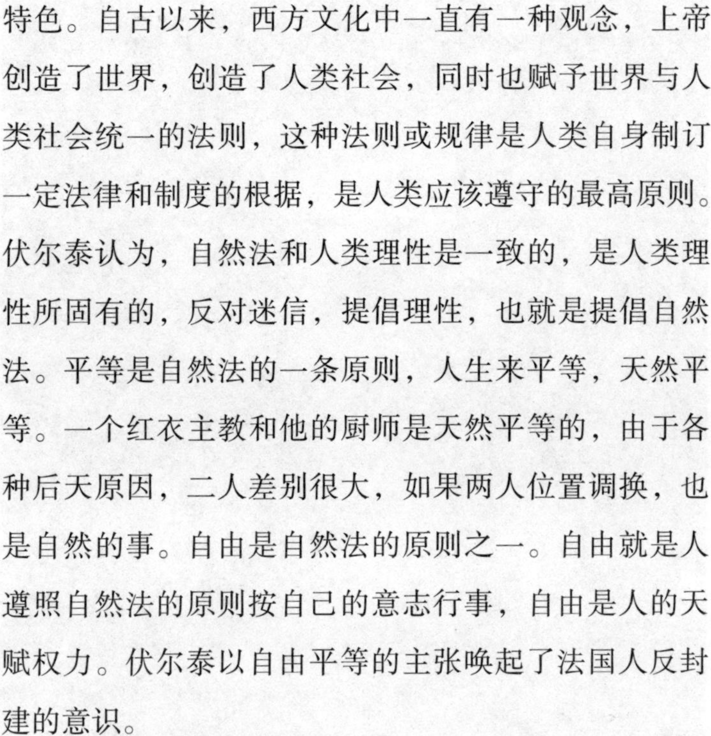

特色。自古以来，西方文化中一直有一种观念，上帝创造了世界，创造了人类社会，同时也赋予世界与人类社会统一的法则，这种法则或规律是人类自身制订一定法律和制度的根据，是人类应该遵守的最高原则。伏尔泰认为，自然法和人类理性是一致的，是人类理性所固有的，反对迷信，提倡理性，也就是提倡自然法。平等是自然法的一条原则，人生来平等，天然平等。一个红衣主教和他的厨师是天然平等的，由于各种后天原因，二人差别很大，如果两人位置调换，也是自然的事。自由是自然法的原则之一。自由就是人遵照自然法的原则按自己的意志行事，自由是人的天赋权力。伏尔泰以自由平等的主张唤起了法国人反封建的意识。

启蒙运动中激进的民主主义者是卢梭。他生于日内瓦一个手工业者家庭，父亲是个钟表匠，自幼丧母，由父亲养大。卢梭小时在一个铺子里当学徒，常因爱读书受到斥责。他不能忍受这种生活，逃出日内瓦，开始流浪。在流浪中，他尝试过多种职业，体察了人间疾苦，上了社会大学，在一些人的帮助下，自修了许多知识。30岁时，他来到巴黎，同一些启蒙思想家有了接触。1743年，他当了法国驻意大利使馆的秘书，后来辞职，为《百科全书》撰写条目。1749年，第戎

←卢梭

科学院出题目征文，卢梭应征写了论文《论科学与艺术》，获了奖，取得了名誉。1753年，卢梭写了名著《论人类不平等的起源和基础》，在荷兰出版，书中关于人民有权推翻专制统治的观点震动了欧洲。卢梭还出版了《社会契约论》《爱弥儿》《忏悔录》等著作。

他出身平民，自幼饱尝人间艰辛，遭到上流社会的白眼和攻击，所以他思想激进，主张彻底的民主主义。由于生活不安定，对现实社会不满，加上他确有许多弱点，生活不够严谨，有些随便，所以他受到上流社会恶毒的诬蔑和攻击，把他说成是一个恶棍。卢梭晚景悲凉，在孤独寂寞中辞世。他死后11年，法国大革命爆发，他的遗体被移入名人公墓，与伏尔泰在一起。法国国民议会的大厅里，竖立起他的半身雕像。

读过《忏悔录》的人，有一种感觉，卢梭真是个法国人。他对生活充满热爱，内心深处蕴藏着对自由的渴望与追求，做起事来富于浪漫和想象力。近代欧洲的哲学家们，从笛卡尔、洛克开始，经过斯宾诺莎、莱布尼茨，最后到德国的康德、黑格尔，多是些出身

→卢梭故居

名门或生活严谨的谦谦君子，只有中间法国启蒙运动中，涌现了一批出身平民或生活浪漫的哲学家。我们且不谈思想，只讲生活。英国和德国哲学家

←卢梭塑像

们的生平没有什么好谈的，他们大多是青年读书，后来在大学当教授，老年著作丰富，人们只把他们看做是一个智慧的大脑，其生活相对单调。如果让康德、黑格尔写一部自传，大致只是思想的历程。而当我们翻开卢梭的自传小说《忏悔录》，就像一个活生生的有血有肉的人站在面前，他谈情说爱，撒谎偷东西，学徒流浪，有哭有笑，充满了激情与懊悔。正是这样一个人，一个出身平民的青年，成长为让旧世界发抖的民主战士。当然，卢梭是有血有肉的活人，到底怎样

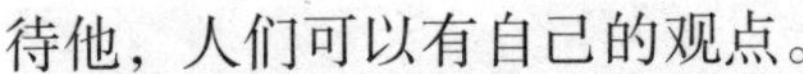
待他，人们可以有自己的观点。

卢梭在《论人类不平等的起源》中把人类社会的不平等分为三个阶段，最后阶段是专制权力的统治。君主的权力是人民给的，君主把权力变成了暴政、专制，任意践踏法律。国家是人们订立契约建立的，路易十四却说："朕即国家。"君主专制使不平等达到了极点，在这里，所有人又变得平等起来，大家都一文不值。在暴君面前，人人平等，都等于零。这种极端的不平等转化为平等的辩证法还在于，君主违背了契约，人民有权力用暴力推翻他，以恢复真正的平等。这里，卢梭在呼唤革命。

卢梭从社会契约的假设引出了人民主权的观点。按照17世纪以来的自然状态观念，人类最初处于自然状态，人人拥有自然赋予的平等权力。每个人都捍卫自己的权力，社会便陷入了无法摆脱的争斗。于是，人们订立契约，每个人都放弃自己的天然权力，共同拥护一个公共权力，这就是国家。每个人都从国家得到自己的政治权力。国家的权力来自人民，人民是国家的主人，是主权者，概括为人民主权或主权在民。这是彻底的资产阶级民主共和国的政治主张。卢梭的主张后来在大革命中成为雅各宾派的思想基础。

启蒙思想家当中还应谈到的是孟德斯鸠，他是轰

←孟德斯鸠

动法国的大作家。1721年，他出版了《波斯人信札》，通过一位波斯人的书信的形式，阐发自己的启蒙思想。他以轻快而辛辣的笔锋，淋漓尽致地展现了一幅法国封建社会上层生活的浮世画面：国王卖官鬻爵，官场政治腐败，贵族生活淫糜堕落，赌博成风，诈骗横行，宗教生活黑暗虚伪，最高学府专务空谈，到处是社会进入末世的伤风败俗景象。这部书适应了时代，具有强烈的感染力和说服力，很快轰动了法国，风靡一时，一时间“洛阳纸贵”。孟德斯鸠的另一部书《论法的精神》是欧洲近代最著名的政治学、法学著作，发行极广，轰动欧洲，两年内曾再版22次。书中论证了三权分立的政治主张，立法权交给人民，行政权归君主，司法权独立，这是君主立宪的政治理想。

启蒙思想家绝不止几个人，而是一大批人，是整个法国进步知识界，反对专制政治，提倡自由、民主、人权、已经成为当时法国社会的主流。在这样社会环境中，大革命是不可避免的了。

1789年5月5日，国王召开了三级会议，全国都注视着三级会议，由于会议对第三等级不利，巴黎人民

→孟德斯鸠的著作

攻占巴士底狱

群情激昂，不断举行示威，与警察冲突。7月12日，巴黎爆发了武装起义。14日，人民攻占了巴士底狱，控制了整个巴黎。第三等级的代表宣布成立国民议会，不断地开会制定许多法令，取消教会特权，废除封建关系。各地农民起义，攻打领主庄园，烧毁封建契约。8月27日，国民议会通过并颁布《人权宣言》。宣言规定了一些基本原则，人生来而且始终是自由平等的；法律是公共意志的表现，在法律面前，人人平等；公民有言论、出版自由；财产是神圣不可侵犯的，不得剥夺。10月5日，人民群众包围王宫，冲入王宫，国王同人民见面，答应批准《人权宣言》。1790年，议会制定了许多法律，废除贵族世袭制，设立全国行政区，

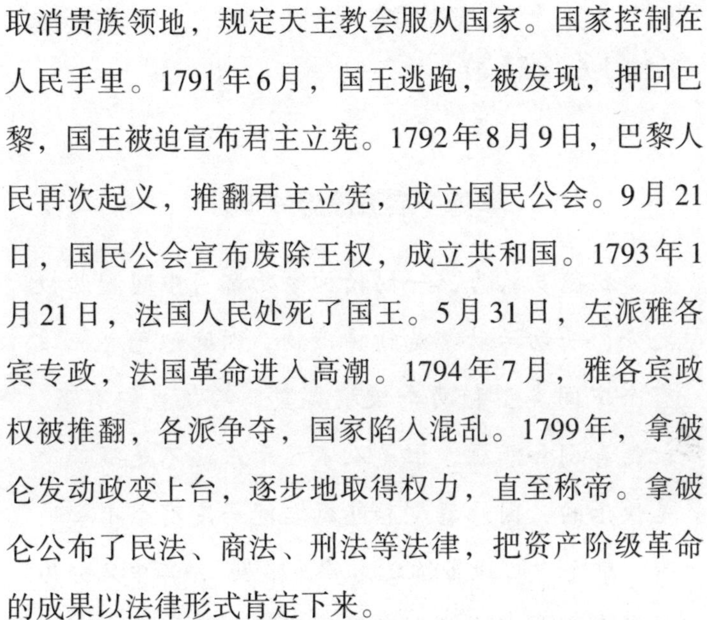

取消贵族领地，规定天主教会服从国家。国家控制在人民手里。1791年6月，国王逃跑，被发现，押回巴黎，国王被迫宣布君主立宪。1792年8月9日，巴黎人民再次起义，推翻君主立宪，成立国民公会。9月21日，国民公会宣布废除王权，成立共和国。1793年1月21日，法国人民处死了国王。5月31日，左派雅各宾专政，法国革命进入高潮。1794年7月，雅各宾政权被推翻，各派争夺，国家陷入混乱。1799年，拿破仑发动政变上台，逐步地取得权力，直至称帝。拿破仑公布了民法、商法、刑法等法律，把资产阶级革命的成果以法律形式肯定下来。

法国大革命，从18世纪上半叶的启蒙运动，直到18世纪末的波澜壮阔的群众斗争，从思想文化到政权变革，法国人使18世纪成为真正的法国世纪。全欧洲乃至全人类的目光都注视着法国。例如：德国人深切地感受到法国革命的吸引力，黑格尔称其为“壮丽的日出”，歌德说法国革命像霹雳一样击中了德国。英国人虽然已经完成了政治革命，而且正进行着工业革命，但是同样在思想上也进行一场启蒙运动。

我们的主人公狄德罗正是这场大革命的斗士之一。

相关链接

XIANGGUAN LIANJIE

狄德罗启蒙思想的张力

狄德罗认为，一切精神事物都有中间和两极之分，一切活动都是精神产物，因此似乎也应该有个中间类型和两个极端类型。两极我们有了，就是喜剧和悲剧，但是人不至于永远不是痛苦便是快乐的，因此喜剧和悲剧之间一定有个中心地带，这个中心地带称之为“严肃剧”，其中又分为严肃喜剧和家庭悲剧两种。他说，轻松的喜剧以人的缺点和可笑之处为对象，严肃的喜剧以人的美德和责任为对象，悲剧一向以大众的灾难和大人物的不幸为对象，但有时候也会以家庭的不幸事情为对象。狄德罗从根本上否认了古典主义戏剧题材的等级尊严，同时也意味着戏剧主题的变革，与古典主义戏剧主题相比较，狄德罗用人替代原来的特定阶级，从而树立资产阶级在戏剧舞台上的正面形象，表明了资产阶级要闯入封建贵族霸占的悲剧殿堂。

启蒙理性从功能上说不仅在于批评，更在于

它的重建，市民剧提出了创作手法的变革。狄德罗指出，戏剧必须严格地表现自然，他抛开宫廷生活而写家庭日常生活，抛开贵族英雄而写市民，要求戏剧接近现实，要求作家到乡下去，到菜棚里去，访问左邻右舍，更好地瞧一瞧他们的床铺、饮食、房屋、衣服，等等。他要求戏剧接近现实和群众，深刻地指出社会和民间的实情。狄德罗明确提出艺术要为社会服务，艺术要宣扬德行，要使坏人看到自己也曾做过的坏事感到愤慨，对自己给旁人造成的苦痛感到同情，走出戏院之后，做坏事的倾向就比较少，戏剧要宣扬德行，狄德罗认为如果要戏剧产生道德效果，就必须打动听众的情感，而打动听众的情感，戏剧就要如临真实情境，使听众信以为真。狄德罗认为古典主义戏剧不太自然，不太冷静，不能产生逼真的幻觉，引起深刻的情感，起到教育作用。他不倦地向法国人民高呼要真实，要自然，要返璞归真。布景可以在荒野，用不着什么排场就可以表演，服装真实，语言真实，情节简单而自然。狄德罗的模仿自然是为了真实，从而达到逼真，但他又不同于古典主义所崇拜的自然。在古典主义者那里，自然是永恒的人性，是受到封建文化洗礼的自然，在这里，狄德罗和卢梭一样，他们所号召的“回到自然”里面有一个含义就是回到原始生活的原始主义。例如，他在《论戏剧艺术》一文中就明确指出，诗人需要的是什么？是未经雕琢的自然，还是经过加工的自然？是平静的自然还是混乱的自然？他喜欢晴朗宁静的白昼的美，还是狂风阵阵呼啸，远方传来低沉而连续的雷声，电光闪亮了头顶的天空的黑夜的恐怖？他喜欢波平如镜的海洋，还是汹涌的波涛？他喜欢面对一座冷落无声的宫殿，还是在废墟中做一回散步？狄德罗得出结论说：“诗人需要一些壮大的、野蛮的、粗狂的东西。”狄德罗要求文艺向自然吸收它原始的野蛮气息，因为这里有巨大的活力和强烈的情感。在原始情况下，人才可以毫无拘束地表现这种活力和情感。狄德罗的原始主义应该看做是进步的，因为它所要求的正是古典主义所缺乏的东西。我们似乎听到了卢梭式的语言，狄德罗与卢梭一样，在感性方面同样地敏锐，情感方面同样地温柔，而且同样地很容易为自然的美和人生的悲剧流泪，对一个温柔的灵魂而言，流泪是一种令他感到愉快的情况，访问他的人有时候发现他为一本书中的故事流泪或是发怒，狄德罗和卢梭的友情是基于情感方面的共通，同样地重视情感，同样地爱好自然，他把天才同样浪漫地看成是本能、热情和想象。只是狄德罗没有像卢梭一样走到了极端，从总体上看他还是一个理性主义者，而卢梭走到了浪漫主义和反文明的一端。人们一般将伏尔泰作为18世纪理性主义的代表，而将卢梭视为浪漫主义之父。但狄德罗既有理性主义的思想内核，同时又具有卢梭式的浪漫情怀。所以威尔杜兰在《世界文明史》里有这样一句很有意思的话，“卢梭和伏尔泰无法原谅狄德罗同时包含了他们两个人，而同时却保持独特与自我”。

卢梭的著作

全方位研究的平民思想家

在法国为行将到来的革命启发过人们头脑的那些伟大人物，本身都是非常革命的。他们不承认任何外界权威，不管这种权威是什么样的。

——恩格斯

←狄德罗塑像

1745年，有人建议狄德罗翻译英国的《艺术与科学大辞典》，这部书是英国人伊弗雷姆·张伯斯编写的，出版于1728年。这部《百科辞典》的前言中列举了内容，担保辞典将包括所有的科学：自然科学、人文科学、地质学、军事、商业、一切哲学学说、一切宗教、古代和近代的一切数学发现。前言中还说："我们的目的不仅在于单独地考察各门学科，而且在于考察它们彼此之间的联系，在于把每门学科都作为一个整体，又作为一个更大整体的一个部分来考察。”前言中的宏伟设想令人敬佩，但所有条目都是张伯斯一人编写，必然给这部书带来局限，在18世纪，已经不可能由一位学者来完成前言中的宏伟构想。尽管有此不足，这部书至1746年，再版了5次。

张伯斯并不是狄德罗的唯一前辈，百科全书即人类知识总汇的历史，可以追溯到远古的亚里士多德，虽然他写的东西还不能叫作百科全书。中世纪末期，有人做过新的尝试，企图把人类的全部知识汇总起来，加以普及。13世纪末，英国一位僧侣罗吉尔·培根，曾写过一部近似百科全书的著作。16世纪中期，首次出现了“百科全书”这个名称。在巴塞尔出版的里克尔贝格的著作就是以此为书名的。1620年，阿尔施泰德出版了拉丁文的《人类知识百科全书》。所有这些著作都没有成功，只是一种尝试。

狄德罗在头脑中逐渐地形成了一个人类科学史上从未有过的伟大计划，他要动员全法国的知识界，编写一部真正的人类知识总汇的全书。狄德罗把自己受到启发的功劳归于英国近代第一位哲学家弗兰西斯·培根。狄德罗后来写道：“如果我们能够把这一浩瀚的事业进行到底，我们将主要归功于曾任内阁大臣的培根，他在可以说既没有科学，也没有艺术的时代，就为我们绘制了一幅科学与艺术通用词汇的蓝图。”狄德罗这里指的是培根在《伟大的复兴》中的写作计划。

←培根

狄德罗同出版商达成协议，他作为主编，每月的报酬是100里弗。报酬很低，狄德罗没有计较，一方面他正全神贯注于写作计划，另一方面他急于拿到一些生活费，他的妻子不太节俭。

狄德罗认为，编写这部书不能仅依靠法兰西科学院，而且要借助于索邦学院、艺术学院、大学以及著作家和演员们。他说，现在还没有一个团体能够囊括一切知识，所以必须建立一个科学艺术的合作团体，来完成这项宏伟的计划。狄德罗拒绝国王和政府干预此事，认为他们介入就会一事无成。

ENCYCLOPÉDIE,
OU
DICTIONNAIRE RAISONNÉ
DES SCIENCES,
DES ARTS ET DES MÉTIERS,

PAR UNE SOCIÉTÉ DE GENS DE LETTRES.

Mis en ordre & publié par M. *DIDEROT*, de l'Académie Royale des Sciences & des Belles-Lettres de Prusse; & quant à la PARTIE MATHÉMATIQUE, par M. *D'ALEMBERT*, de l'Académie Royale des Sciences de Paris, de celle de Prusse, & de la Société Royale de Londres.

Tantum series juncturaque pollet,
Tantum de medio sumptis accedit honoris! HORAT.

TROISIÉME ÉDITION ENRICHIE DE PLUSIEURS NOTES,

DÉDIÉE
À SON ALTESSE ROYALE
L' ARCHIDUC
PIERRE LÉOPOLD
PRINCE ROYAL DE HONGRIE ET DE BOHEME, ARCHIDUC D'AUTRICHE,
GRAND-DUC DE TOSCANE &c. &c. &c.

TOME PREMIER.

À LIVOURNE
DE L'IMPRIMERIE DES ÉDITEURS
M. DCC. LXX.
AVEC APPROBATION.

狄德罗《百科全书》书影（原版）

《百科全书》刚刚开始编写，狄德罗就坐了28天牢。1749年7月24日早晨，彻夜工作的狄德罗还没有起床，就被警察唤醒。警察搜查了狄德罗的一些哲学书稿，因为这些书稿讲了唯物主义思想。警察没有动已经写了一摞的《百科全书》稿件。狄德罗被带走了，他的妻子昏倒在地板上。狄德罗被关押在樊尚城堡。在审讯中，狄德罗否认他是他的一些著作的作者，因为如果他承认是这些唯物主义哲学著作的作者，不仅本人要长时间坐牢，而且要祸及出版商。狄德罗写信给他的一些朋友，请他们营救。于是，许多人出来解释、担保。《百科全书》的出版商们也出具申请书，请求释放狄德罗。其中一份申请书写道："这部至少要使我们付出25万里弗（我们已预付10万）的著作，正处于毁灭的边缘。狄德罗是我们认为胜任这项工作的唯一著作人，因此才任命他主持整个工作。敬希阁下体察下情，将其释放。"28天关押以后，狄德罗并没有被释放，但他可以散步，可以会见人，可以写作，虽被监禁，只是不在城堡里。直到11月3日，狄德罗才被释放。

1751年，《百科全书》第一卷终于问世。这部众书之书作者很多，这些作者的名单放在书的开头，每位作者还有一个字母代号，这些代号写在条目正文的开

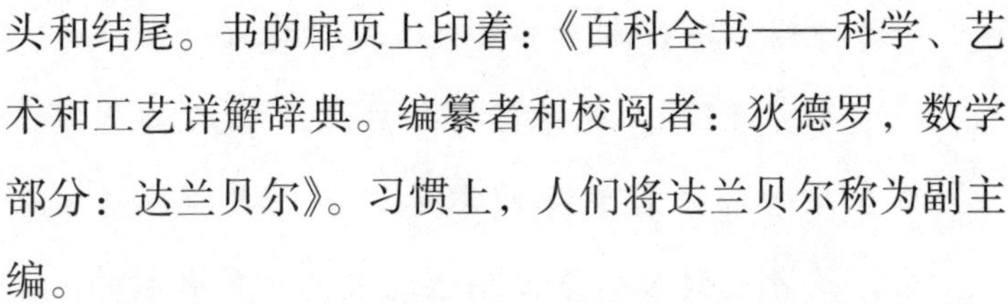

头和结尾。书的扉页上印着：《百科全书——科学、艺术和工艺详解辞典。编纂者和校阅者：狄德罗，数学部分：达兰贝尔》。习惯上，人们将达兰贝尔称为副主编。

百科全书是一项科学壮举，它把当时法国的进步思想家们集合起来，形成一股向旧势力冲击的力量。启蒙运动初期，伏尔泰、孟德斯鸠这样的伟大人物单枪匹马地开创了思想革命。现在，由于狄德罗的努力，把启蒙思想家们组织起来，使启蒙运动达到了高潮。历史上，人们把为百科全书写作的思想家们称作“百科全书派”。他们自己则说：“我们是百科全书共和国的人”，或者说：“我们是写作共和国的人”。

无论赞美还是攻击，《百科全书》一出版，就引起了轰动。

伏尔泰曾经在其回忆录中讲过这样一个笑话或故事：

> 有一次，国王路易十五在特里阿农宫同一些客人共进晚餐，席间先是谈到狩猎，后来又讲到火药。在座的一个人说，最好的火药是用等量的硝石、硫磺和木炭配制的。比谁都熟悉这种东西的德·瓦列尔公爵说，好的火药是由

一份硫磺、一份木炭和5份硝石合成的。

“真奇怪”，尼维努阿公爵说，“我们每天都在凡尔赛用枪打山鸡取乐，有时甚至枪杀人，或者被别人所杀，难道连火药是什么做的都不知道”。

庞巴杜夫人立刻愤愤不平地插话说，无论谈什么，大家都会陷入这种境地的。譬如，她就不知道自己搽脸用的胭脂是什么做的，也不知道她穿的长筒丝袜是怎样做的。

↑路易十五

→狄德罗《百科全书》插图

“所以很遗憾”，瓦列尔说，“陛下已经下令从我们手里没收了《百科全书》，在这部书里，我们马上就能查到需要的东西”。

国王回答说，他听说，在每个贵夫人的写字台上都能找到的21卷《百科全书》，是对王国最危险不过的东西，他想亲自验证一下是否如此。

于是，他派三名侍者取来了《百科全书》。国王的客人翻阅了各卷，从关于火药的条目中得知，在争论中瓦列尔是对的。庞巴杜夫人则从有关的条目中知道了老牌的西班牙胭脂同巴黎妇女用的胭脂有什么区别，希腊美人和罗马美人喜欢用绛红色胭脂，还知道了她穿的长筒丝袜是用什么材料做的和怎样织成的，而且她对织布机的插图惊叹不已。

客人们一拥而上，贪婪地查阅各卷，每个人都立即查到了他所需的东西。搞法律学的人感到惊奇的是，他们在那里找到了久思不得其解的种种问题的答案。国王读了讲述王位的部分，为他所听到的对这部书的诋毁感到惊讶。这时尼维努阿公爵说，这就证明，它是一部非常好的书。人们是不会责骂庸碌或者愚蠢的。如果女人们嘲笑一位新来的夫人，那你可以相信，这位新来的夫人一定比其余所有的人都漂亮。

斯伯爵对《百科全书》的称赞走得更远。他大声说："陛下，您多么幸运，在您的统治下，有人能够研究一切领域里的知识，并把它们传给后代。在这部书里可以找到一切，从别

←狄德罗《百科全书》插图

针的制作方法直到铸造术和大炮瞄准的方法，从无限小到无限大。”

伯爵又赞美上帝，说他在他们的王国里创造了能够完成有益于全世界事业的人。其他民族只好购买或剽窃《百科全书》。如果国王陛下愿意的话，可以没收他的全部财产，但只要

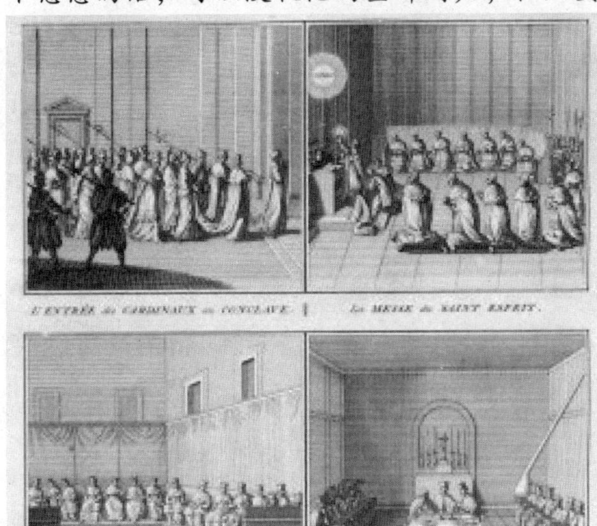

→狄德罗《百科全书》插图

把他那部《百科全书》发还给他，他也就心满意足了。

国王表示反对，说有人告诉他，尽管这部书是有用的，值得尊敬，但书里有许多缺点。

斯伯爵并未因国王的反对而惊慌失措，他说："今天国王的晚宴，上了两道做得不好的炖肉。进餐的人谁也没有动这两道菜，但他们仍然饱餐了一顿。国王是否因为这两道炖肉就下令把一桌晚餐抛到窗外去呢？"

这是伏尔泰杜撰的一个故事，所以也可以称为笑话。《百科全书》中刊登火药和胭脂条目的卷次出版时，庞巴杜夫人早已离开人世。伏尔泰写出这个故事，反映了法国上层社会对《百科全书》的态度，一方面禁止它，另一方面又不得不称赞它的伟大。故事中说《百科全书》研究了人类一切知识的领域，又说这完成了有益于全人类的事业，这些提法画龙点睛地指出了《百科全书》的伟大意义。

以狄德罗为首的百科全书的编辑们不只是简单地叙述五花八门的资料，把它们按字母顺序加以排列。狄德罗遵循法国博物学家布丰提出的关于自然界是统一的，因而科学也必须是统一的原则，把各门单独的

→狄德罗《百科全书》插图

科学变成统一科学的组成部分，社会与自然界形成一个统一的整体。

在《百科全书》中《大纲》的结尾部分，有个题目叫作《人类知识体系详述》。狄德罗说："物体作用于感觉。这些物体产生的印象引起意识对它们的感知，意识用与其三种主要性能，即记忆、理性和想象相适应的三种方式来运用这些感知。"由此，人类知识一般应划分为三类，以记忆为依据的历史，来源于理性的哲学，由想象产生的诗。

历史又分为：圣史，即来源于神的事实；民史，即来源于人的事实；自然史，即来源于自然界的事实。

哲学是人类理性的知识，又分为：关于神的科学；

关于人的科学；关于自然界的科学。关于人的科学包括逻辑学、道德、语法学、修辞学、批判、教育学、语文学、写诗法，还包括自然法、社会法律学、社会政治学等学科。关于自然界的科学则包括物理学和数学。

由想象产生的诗，由于情节的不同，可以分为世俗诗和圣诗，同时建筑、音乐、绘画、雕刻、版画等词条目录都列入诗的一类。

我们不能用现代科学和学科分类来要求狄德罗，我们不能说，狄德罗没有讲化学、生物学、系统论等，因为当时化学还没有独立，生物学还属于博物学，人们更不知道什么是系统。狄德罗的伟大在于“创立一株包括所有科学和艺术的谱系之树，用以表示我们知识的每个分支的起源和这些知识之间以及它们同总树干的联系，从而看清自然界有什么和没有什么”。

《百科全书》的确成了众书之书、人类知识的总汇，哲学和一切科学的最新成就。如果我们想一想，为《百科全书》撰写条目的那些文坛巨匠们，他们的名字足以让这部书光彩夺目。伏尔泰、卢梭、孟德斯鸠、霍尔巴赫，共200多位科学家和文化人参加写作，这一大批思想巨人为了一个明确的目标，在狄德罗的邀请和组织下，显示多样的才华，这是人类文化史上

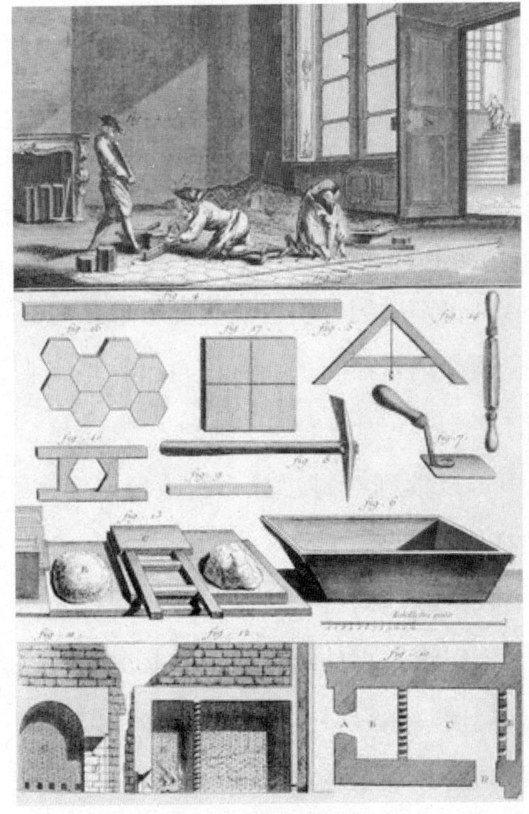

→狄德罗《百科全书》插图

的壮举。

《百科全书》不仅具有巨大的科学文献价值，具有科学普及价值，而且全面地勾勒出法国社会的总体图画，使人们对自己所生活的社会有一个深入的了解。思想家们不是借助于书刊资料，而主要是通过对于法国社会的深入观察与研究，在描述中渗透着革命的态度。说《百科全书》更加具有启蒙价值，一点也不为过。伏尔泰把自己为《百科全书》撰写的条目单独汇集出版，名叫《哲学辞典》，我们仅举一例，来体会一下《百科全书》的革命精神与锋芒。有一个条目叫“修道院长”，伏尔泰写道：“古代的修士们把这个称号奉给他们选出来的长老。院长就是他们精神上的父亲。随着时代的变迁，同样的名称所指的对象发生了多么大的变化！精神上的父亲本是率领一群苦修者的一个苦修者；可是苦修的精神上的父亲们到如今已经拥有20万、40万里弗的年金；今天日耳曼有一些苦修的精神上的父亲们拥有一团卫士。”伏尔泰讽刺修道院长所谓“精神上的父亲”名义上苦修，实则腰缠万贯，腐化堕落。伏尔泰最后说，修道院长“用苦命人的脂膏把自己养得肥头胖耳。现在你们发抖吧，理性的日子来到了!”从这个词条，我们从中可以读到对封建势力的谴责与揭露，感受到对革命的热情与呼唤。

《百科全书》全面地揭露了法国封建专制社会的一切细节，使人们得出这样的结论：这种状况不应该持续下去了！人们通过《百科全书》看到法国国王统治下的巨幅生活画卷：凡尔赛宫、枫丹白露宫、特里阿农宫和高官显贵们的一座座小凡尔赛宫，富丽堂皇的寺院同农民低矮的茅屋交织在一起；这里有上层人士和僧侣的大片庄园，有农夫们小得可怜的份地，份地上收获的东西刚够向国王、向教会、向贵族地主交纳各种苛捐杂税；一方面是供上层社会享用的华丽的诗篇、绘画、雕刻、建筑和剧院，另一方面是目不识丁的社会下层；包税人作坊主获利惊人，而雇工的收入则微乎其微。

→狄德罗《百科全书》插图

狄德罗很熟悉法国各阶层的生活。他是一个富裕手工业者的儿子，很了解父亲手下的佃农和雇工。他上过耶稣会的学校，两个舅舅又都是神甫。他住过小店的阁楼，在富人家里当过教师。他曾到教堂去乞讨，也曾坐过贵夫人的艺术沙龙。他进出过巴黎的咖啡馆，也去过苦力们遮风避雨的工棚。他有很多博学多识的助手，他们是经济、财政、政治、教育、文学艺术等各领域的行家，也懂得专制政府各部门玩弄的阴谋与权术。出版商们没有看错人，狄德罗是编辑《百科全书》的最佳人选。我们设想一下，如果不是狄德罗而是其他人做主编，会出现什么情况。如果由伏尔泰、霍尔巴赫或孟德斯鸠来做主编，论教育、知识、威望，没有问题，他们不比狄德罗差，但是，全书中大量的手工艺辞条，大量的下层人民生活，恐怕这些上层人物就无能为力了。如果他们中的某一位做主编，会不会把“铁砧”“马刺”这些条目列入全书呢？如果是卢梭做主编，他能团结全国那么多学者吗？他那孤僻的性格和做事没有长劲儿的作风，能把几十卷全书坚持编辑下来吗？

《百科全书》关于农业的条目，包括狄德罗本人亲自撰写的长条目“农业”，他写的“日工”条目，重农学派经济学家魁奈写的“农场主”以及其他条目，描绘了法国农业的状况，向全国介绍了这样的事实：王国的5000万公顷可耕地中，1/4以上从未耕种或弃耕，用我们今天的术语说，叫作生荒地和熟荒地。这部分土地在旧制度下是根本没有希望得到耕种的。条目中还指出了农业衰退的原因：限制粮食贸易、横征暴敛、农村人口迫于生计流入大城市。条目中举出了英国对外贸易自由给予英国农业的良好影响作为例证，来同法国的情况相对照。当然，农民知道他们的土地长满了野草，他们因而死于饥饿。城市居民也看到农夫沦为乞丐，成群结队涌进城市。但只有《百科全书》才说明了农业骇人听闻的衰败的原因，并且也控诉了造成这种衰败的祸首。

《百科全书》的“税收”条目介绍了压在人民头上的沉重赋税，盐税征收的不择手段，下层人民的艰难处境，并且分析了多达数十种的赋税的原因。《百科全书》的“徭役”条目叙述了农民因修路而破产的情景。“民警”条目讲到了强迫农民的独生子当民警。

因为狄德罗是手工业者的儿子，所以《百科全书》有关工艺的条目是相当精彩的。自古以来，书是文人写的，文人看不起手艺人，以为是雕虫小技。把工艺写入《百科全书》在一些上层人士看来似乎是庄稼汉闯入了高贵人家的客厅。狄德罗不这样看，他认为工艺和商业，也同经院哲学和其他知识一样，应该受到

→狄德罗《百科全书》插图

重视，因为工艺也是人类知识的重要方面。现代人类已经意识到，人类科学有两个传统，一个是思维的理论的传统，创造理论科学，一个是实践的工匠的传统，积累许多具体的操作技术，两者相互结合，才会有科学技术的发展。狄德罗重视工艺是十分可贵的。为了选好、写好有关工艺的词条，狄德罗到作坊的织布间、染布间，到吹制玻璃器皿的炉火旁，到马鞍匠、皮匠、铁匠、裁缝、木匠等无数的作坊和手工业者中间去。狄德罗在人类历史上破天荒地第一次吸收有经验的劳动者来同文人一起写作。他在《大纲》中说："我们向巴黎和王国最有经验的工匠请教。我们到他们的作坊去，向他们询问，把他们的口述记录下来，发挥他们的思想，探问他们的职业用语，编出词汇表，把它同凭记忆记下的词汇加以对照，在同某些人长谈时纠正另一些人解释得不够充分、不清楚、甚至有时不正确的地方。有些工匠同时也是很有教养的人。当然，有文化有教养的人不多，我们见到过这样的手工业者，他们已工作40年，却对自己使用的机器一无所知。"狄德罗的态度是真诚的，既向手艺人请教，又看到他们的弱点。狄德罗体会到："有些工艺很特殊，操作很复杂，如果不亲自干干，不亲手转动一下机器，不亲眼看看零件的装配，就很难准确地加以描绘。因此，

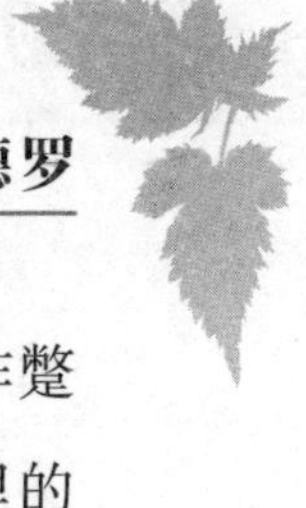

我们往往自己搞到机器，自己当当所谓学徒，制作蹩脚的模型，好教会别人制作好的模型。”狄德罗这里的“我们”，实际上只有他自己，因为达兰贝尔、卢梭、霍尔巴赫和其他人，都没有下过作坊，没有询问过工人，没有编过词汇表，更没有亲手开动过机床，只有狄德罗一个人这样做过。狄德罗使用“我们”的提法，是为了强调百科全书派的共同宗旨，强调写作这部巨著的集体性。《百科全书》用大量新创造的更加准确的技术名词丰富了法语，这是狄德罗的又一个他自己没有想到的功绩。

狄德罗不仅付出了最大的心血，不仅承担了文人们完成不了的大量工艺技术词条，而且也是最勇敢、最有战斗性的作者，他写的“政治权威”条目中的许多观点甚至比10年后卢梭在《社会契约》中的论述更加激进。为了对此有具体的理解，我们来看一下狄德罗写的“政治权威”条目：“政权尽管在一个家庭中前后继承，掌握在单独一个人手中，却不是一种私人财产，而是一种公共财产，因此决不能从人民手中剥夺。它根本上只属于人民，完全为人民所有。况且，总是人民为政府承担费用，总是人民对于规定实施治理起作用。不是国家属于君王，而是君王应属于国家；统治国家的权力属于君王，只是因为国家选择君王来统治，只是因为他向人民承担管理各项事务的义务，只是因为人民向他承担依法服从他的义务。头戴王冠的人，只要他愿意，他绝对可以卸去王冠，但他不能不经把王冠戴在他头上的全民同意，把它戴在另一个人头上。一句话，政府和公共权威是财产，全民集体是所有主。而君王是其用益者、代理人、受托人。他们虽是国家首脑，但仍然是国家的成员，固然是首要的、最可尊敬的、最强有力的成员，他们能做治理所需的一切，却不能合法地做任何改变既定治理形式的事，也不能另立领袖以自代。路易十五的王杖必然传给长子，没有任何

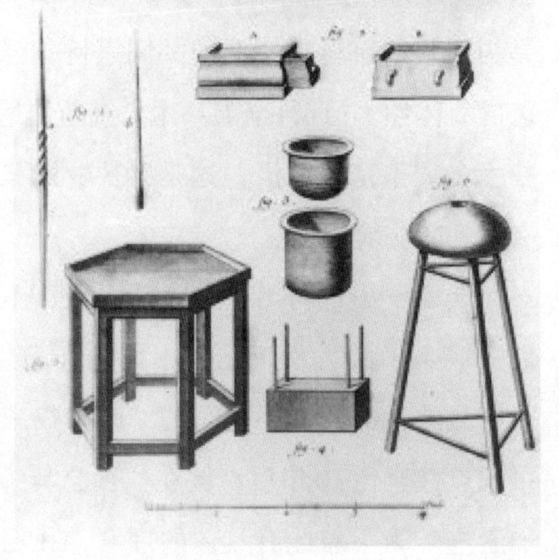

←狄德罗《百科全书》插图

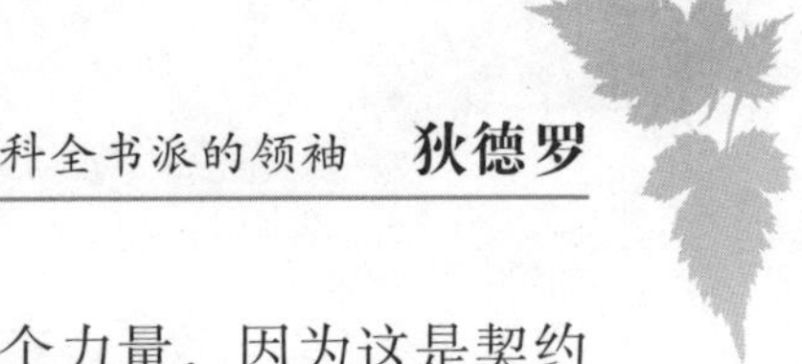

力量能够反对。全民也没有这个力量，因为这是契约的条件，他父亲也没有这个力量，理由同此……契约的条件随国别而异。但无论何处，全民有权利不顾一切反对，维持他们已签订的契约；任何力量都不能改变这一点。当契约已无必要时，全民恢复权利，享有完全自由得同他们所愿意的任何人以他们喜欢的方式重订新契约。法国如万分不幸，全部统治家族连同最后子孙也突然死去，就会发生这种事情；那么，王杖和王冠将回到全民手中。”狄德罗的这一条目彻底撕掉了君权神授的外衣，将王权当做一种契约权力，要在法律的范围内行事，否则人民有权收回权力。

《百科全书》是科学史上大事，同时也是政治史思想史上的大事，它所发挥的启蒙作用，令当时的国王、贵族和教会战栗发抖。

《百科全书》第2卷刚出版，王国议政院就于1752年2月7日宣布查禁已出版的两卷。议政院的决定说：“陛下认为，这两卷书含有许多论点图谋消灭王国政权，煽动闹独立和愤懑情绪，用模棱两可的暧昧词句蛊惑人心，伤风败俗，宣扬不信上帝。”出版遇到了巨大的困难和危险，伏尔泰建议把《百科全书》移到德国柏林去出版，狄德罗没有同意。前两卷已经获得巨大成功，订户增加到2000册，这在当时的出版界是个天文数字，而且还在增加。狄德罗是乐观的，他坚信一定能做好工作。终于，经过许多有识之士的疏通，又获准出版。书报检查机关对《百科全书》严密监视，规定书刊检查人员不仅要在每个条目手稿上签字，而且要在校样上签字，才能印刷。副主编达兰贝尔给第3卷写了导言，他写道："还能想出什么更加恶毒的歹意来反对这两个著作家呢，他们经过思考早已不怕不公正，不怕贫困，而在长期的痛苦经历之后已经学会了即使不是鄙视人们，也是不信任他们，……要小心地回避他们……我们用一生中最宝贵的时刻含辛茹苦地编成了这部著作，也许，它会给我们的晚年带来欢乐？当我们和我们的敌人都已离

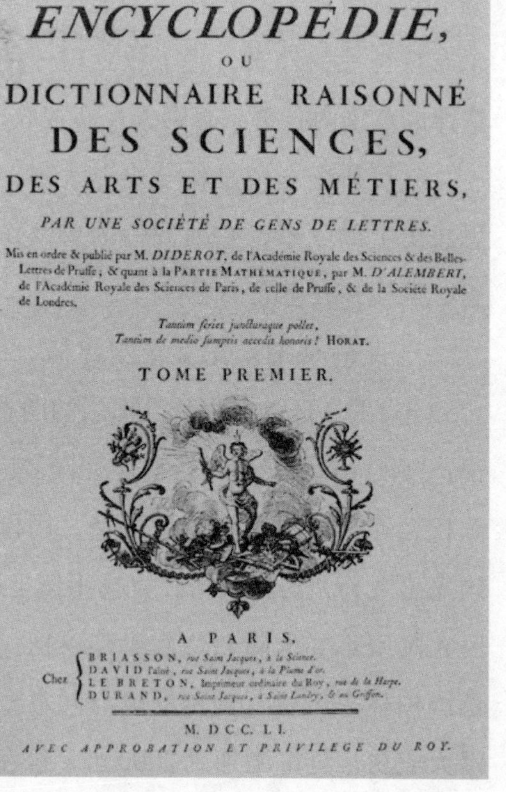
ENCYCLOPÉDIE,
OU
DICTIONNAIRE RAISONNÉ
DES SCIENCES,
DES ARTS ET DES MÉTIERS,
PAR UNE SOCIÉTÉ DE GENS DE LETTRES.
Mis en ordre & publié par M. DIDEROT, de l'Académie Royale des Sciences & des Belles-Lettres de Prusse; & quant à la PARTIE MATHÉMATIQUE, par M. D'ALEMBERT, de l'Académie Royale des Sciences de Paris, de celle de Prusse, & de la Société Royale de Londres.
Tantùm series juncturaque pollet,
Tantùm de medio sumptis accedit honoris! HORAT.
TOME PREMIER.
A PARIS,
Chez BRIASSON, rue Saint Jacques, à la Science.
DAVID l'aîné, rue Saint Jacques, à la Plume d'or.
LE BRETON, Imprimeur ordinaire du Roy, rue de la Harpe.
DURAND, rue Saint Jacques, à Saint Landry, & au Griffon.
M. DCC. LI.
AVEC APPROBATION ET PRIVILEGE DU ROY.

←狄德罗《百科全书》书影（原版）

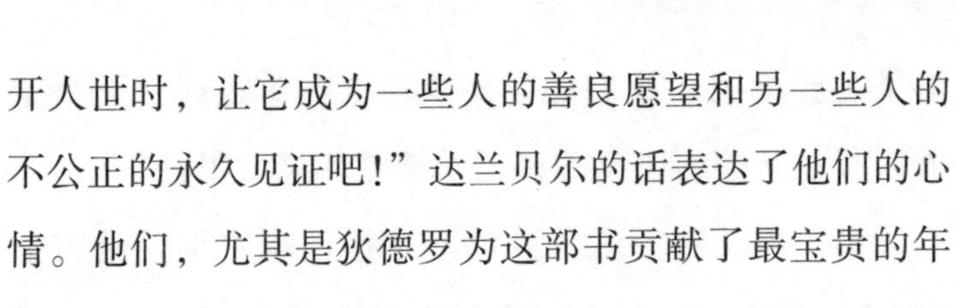

开人世时，让它成为一些人的善良愿望和另一些人的不公正的永久见证吧！”达兰贝尔的话表达了他们的心情。他们，尤其是狄德罗为这部书贡献了最宝贵的年华。

1753年8月，第3卷问世。《百科全书》越来越成功，第4卷出版时，订户达到3000人，第7卷时增加到7000人，而且卷数也增加，起初只打算出8卷文字本，但1757年出版第7卷时才到字母G，在法文中还有许多字母。

狄德罗除了作为主编之外，还亲自写了大量条目，他一共写了1269条。为了《百科全书》，狄德罗什么都写，只要是需要而别人又不愿意写的，他都写。他写的条目长的详详大观达140页，短的只有三行字。他身为一支大军的统帅，却也不嫌弃普通士兵甚至弹药兵所干的粗活。他写的条目所涉及的学科有：农业与农业经济学、建筑学、天文学、植物学、化学与物理、商业、地理、语言学、历史、宗教、法律、文学艺术、逻辑、巫术、医学、占星术、矿物学、冶金、道德、哲学、神学等学科。我们在读狄德罗的著作时，会发现他没有大部头的著作，只有许多短文，不像洛克、康德、黑格尔有数十万字的大论著，这有多种原因。编辑百科全书，把毕生的主要精力放在上面，恐怕是主要原因。我们还能要求什么？难道这《百科全书》所建立的历史丰碑，还不够雄伟高大吗？

第7卷以后，达兰贝尔不再担任副主编，他被迫害和攻讦吓坏了，逃离了战场。但是，我们不要责难他，他是个很好的人，是个有才华的思想家、数学家，他没有庸俗的虚荣心，视富贵如浮云，一生清贫，拒绝讨好。他离开岗位只是因为太累、太难、太可怕了，我们理解他吧！达兰贝尔后来在1783年去世，比狄德罗早一年。

“写作共和国”发生了许多事，卢梭、达兰贝尔等人退出，但狄德罗意志坚强地奋斗下去。父亲去世、家庭生活的麻烦、外界的压力与危险，什么也阻挡不

←狄德罗的《百科全书》

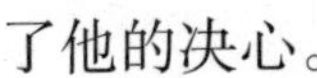

了他的决心。

1761年9月，《百科全书》的文字工作终于完成。在25天的时间里，每天工作10小时，狄德罗把所有条目集中起来，分门别类整理好。换一个人用一年的时间也未必能够做到。《百科全书》共出了17卷文字和11卷图册，共28卷。这部书的成功给出版商带来了数百万的收入，而狄德罗却在25年里只得到微不足道的报酬。25年里，狄德罗工作的总报酬只有6万里弗，只相当于每个出版商的利润的十分之一。伏尔泰得知狄德罗报酬如此菲薄之后，惊叹道："陆军部的一个供货人一天还能赚两万里弗呢！"

我们已经没有必要再对狄德罗和《百科全书》做什么赞美和评论，只要到图书馆去，看一下在那庄重的书架上，陈列着当今世界主要国家的《百科全书》，就知道编辑这部书已经成为衡量一个国家学术文化水平的标志之一，这就足够了。中国大百科全书、大英百科全书、美利坚百科全书、苏联百科全书、德国百科全书，所有这些，都是以狄德罗百科全书为起点的。

相关链接

XIANGGUAN LIANJIE

狄德罗和百科全书派

狄德罗是18世纪法国启蒙运动中的哲学家和文学家，百科全书派代表人物，第一部法国《百科全书》的主编。在求学时期，他博览群书，热衷于从文学、科学和哲学中吸取知识。他精通意、英等几国文字，曾从事过翻译工作。

虽然在狄德罗之前就已经出现了近代综合性的百科全书，这就是1704年在英国出版的哈里斯主编的《技术辞典》和1728年出版的钱伯斯主编的《百科全书》。但是，狄德罗主编的《百科全书》无论是在篇幅、内容和思想性、学术性等方面，还是在历史上产生的巨大影响，都是空前的。因此可以说，狄德罗是真正的近代百科全书之父。

1745年，巴黎的出版商布列顿买下了钱伯斯的《百科全书》在法国的翻译出版权，但他很快发现这部书已落后于形势，便决定以钱伯斯和哈里斯的百科全书为蓝本，自己新编一部法国的《百科全书》(原名为《百科全书，或科学、艺术

和手工艺大词典》），邀请34岁的年轻学者狄德罗担任主编，30岁的年轻数学家达朗贝任副主编。

在18世纪中叶，正是欧洲大陆上资产阶级革命山雨欲来的时期。资产阶级关于民主、科学的思想正在同封建专制主义和教会推行的宗教蒙昧主义进行激烈的斗争。狄德罗和达朗贝这两位反封建的斗士，决心突破原本作为蓝本的两部百科全书的模式，把这部新的百科全书编成用唯物主义观点介绍各种科学知识、反对宗教蒙昧主义和封建专制主义的工具书。

参加编写《百科全书》的人员极为广泛，其中有哲学家、文学家、医师、工程师、旅行家、航海家和军事家等人，几乎包括当时各个知识领域具有先进思想的一切杰出的代表人物。除主编狄德罗和副主编达朗贝外，有在历史上著名的伏尔泰、卢梭、孔狄亚克、霍尔巴赫、魁奈、杜尔哥、马蒙泰尔、若古、孟德斯鸠和布丰等人，共有160多名。他们思想接近、关系密切，被称为百科全书派。一般把没有参加编写的爱尔维修也看做百科全书派的成员。百科全书派成员的社会政治观点和哲学观点并不完全一致，既有民主主义者，也有“开明专制”的拥护者；既有无神论者，也有自然神论者。但是，他们共同的特点都是高举理性主义的旗帜，要求重新审查现存的一切，反对封建特权制度和天主教会统治及宗教迷信，向往合理的社会。他们认为人的本性是美好的，世界可以被建成为美好的居住之地。他们认为迷信、成见和愚昧无知是人类的大敌，主张一切制度和观点要在理性的审判庭上受到批判和衡量。推崇机械工艺，重视体力劳动，孕育了资产阶级务实精神。

狄德罗的《百科全书》编纂、出版工作从1751年开始，至1772年完成，历时20年。在这期间，曾两度遭到政府当局的勒令中途停止，有的人被关进监狱，有的被迫流亡国外，达朗贝因恐受连累，于1759年宣布退出，由狄德罗一人主持此项艰巨而繁重的工作。当时，检察官曾在最高法院对百科全书派提出公诉，其罪名是“他们形成一个集团，为着拥护唯物主义，摧毁宗教，鼓吹独立自由和败坏风俗”。当局把《百科全书》称之为“魔鬼的新巴比伦塔”和“异教徒以及神和国王与教会敌人的大集合。”但是，在狄德罗等人

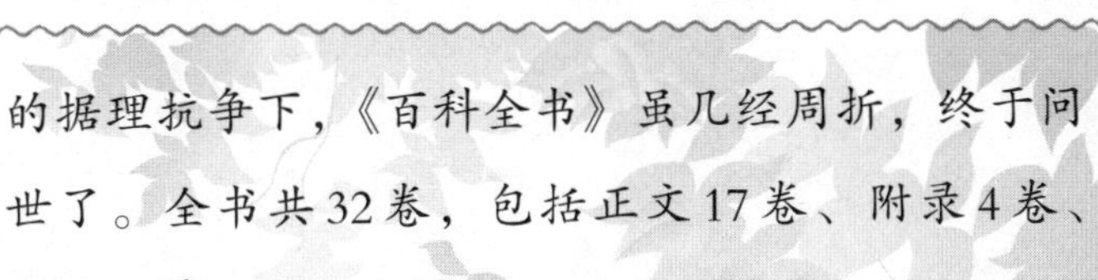

的据理抗争下，《百科全书》虽几经周折，终于问世了。全书共32卷，包括正文17卷、附录4卷、图片11卷。

书中有许多条目，比如“徐西亚羔羊”“圣饼”“嘉布遣僧袍”等概念都是狄德罗处心积虑的安排，他们正是要通过这许多表面上不引人注目的“小条目”来借题发挥。“圣饼”谈的是宗教仪式的浪费，“嘉布遣僧袍”是在嘲弄教会派别之间那些煞有介事的争端，其实不过是为了些鸡毛蒜皮的事，“鹰”是在揭露迷信，等等。尤其是“徐西亚羔羊”这一条目，狄德罗有意把一个莫须有的传闻列作一个条目，然后再来揭穿它，以证明为什么看问题应持科学态度，而不能听信讹传，并由此引出我们究竟应当根据什么原则来判断事实的真伪这样一个科学哲学问题。

狄德罗的《百科全书》作为当时各门科学知识的总汇，总结了当时自然科学的成就，有力地促进了科学的发展，促进了唯物主义、无神论和进步的社会历史观的发展和传播，为法国资产阶级革命准备了思想条件。

物质与运动

如果说，有谁为了真理和正义的热诚而献出了整个生命，那么，例如狄德罗就是这样的人。

——恩格斯

狄德罗编辑百科全书，集合了一大批进步思想家，人们把这些为《百科全书》撰稿的人称为百科全书派，这是这个词的广义。在撰稿人当中，有几位杰出的唯物主义哲学家，霍尔巴赫、爱尔维修，由于他们几个人在观点上相近，都是18世纪法国无神论和唯物论者，区别于伏尔泰等

←狄德罗

百科全书派。18世纪，法国一部分启蒙思想家在编纂《百科全书》的过程中形成的派别。

人的自然神论，哲学史上把他们几个人称为百科全书派，这是这个词的狭义。哲学史意义上的百科全书派，指的是18世纪法国哲学的最高成就，由于重点强调思想的一致性，所以把未参加《百科全书》写作的拉美特里也称为百科全书派。这是马克思主义以前唯物主义发展的最高成就。无论狭义还是广义，狄德罗都是其领袖和杰出代表。

在马克思主义的哲学理论来源中，主要有两大派别，一派是19世纪的德国古典哲学，一派是18世纪以狄德罗为代表的百科全书派哲学。从这个意义讲，狄德罗的哲学思想是具有重要历史意义的。

狄德罗已经认识到，在哲学上，历来分为两大派，一派叫唯心主义，一派叫唯物主义。狄德罗所指的唯心主义，主要是指17世末、18世纪初的英国哲学家贝克莱为代表的主观唯心主义。这种唯心主义是这样论证的。我们研究问题的基本出发点是什么，是这样一种事实，即我的意识。别的我们什么也不确定，只确定一点，我们在认识、在思考。这类似于笛卡尔所说的“我思维，所以我存在”。近代哲学区别于古代哲学的地方，就在于肯定一个思维着的主观精神是个起点。有这个起点并不一定必然是唯心主义，我们也可以承认这事实，但我们如果进一步问，我的意识、我的精神依赖于什么，是否依赖于我的身体，这样我们就走向了唯物主义，因为我们肯定意识是人脑、人的身体的机能和属性，但是贝克莱不这样提问题。他论证说，我的思想，我的意识这是基本事实，我的思想又可以产生无数其他的意识，例如，我的意识里又有了红色、圆形、甜味、香气等感觉，而且，我还把这些零散的感觉组合起来，形成一个组合感觉，我给这个感觉的组合起个名字，叫苹果。我每当说苹果这个词时，指的就是这种感觉的组合体。问题是，我的意识里面的这些感觉的组合体，为什么说是由意识之外的物质造成的呢？我能有这些感觉，可是怎么能证明这些感觉

之外存在着不以意识为转移的物质呢？如果人们问我，感觉到什么，我可以很明确地回答。如果人们问我，我的意识之外有什么物质，这问题就无法回答了。在日常生活中，我们习惯于说有什么东西，其实，准确的说法应该是，我们意识到了什么，或者说，在我们的心中产生了什么意识事实。由此看来，我们能肯定的是我们自己的意识存在，至于在我们意识之外的物质，是无法肯定的，如果肯定了，则是一种独断，一种缺乏理论论证的信念。经过这样一番论证，贝克莱得出，只有人的精神是真实的，物质不过是我们的观念。这是一种十分难以反驳的理论，如果人们采取他的思考方法，会得出同样的结论，如果人们反对他的方法，他和你又没有共同语言，他不承认你的反驳，因为你一开始就站在他对立的立场上了。马克思曾经说过，这不是一个理论问题，而是一个实践问题，就是说，单纯理论解决不了这个问题。

狄德罗站在唯物主义立场上，他没有从理论上去分析贝克莱的论证，只是从观点上做出表态和批评。狄德罗说："我们称为唯心主义者的，是这些哲学家，他们只意识到自己的存在，以及那些在他们自己内部相继出现的感觉，而不承认别的东西。这种体系，说起来真是人心和哲学的耻辱，虽然荒谬绝伦，可是最难驳斥。”

狄德罗认识到，哲学分为两大派，并且指出了唯心主义的本质，这些在恩格斯提出哲学基本问题之前就做出的阐述是很杰出的。但是，狄德罗认为唯心主义是耻辱却言重了。本来，人要认识世界，必然要得出不同的结论，哲学必然要分为这两大派，双方都有道理，都有贡献，简单地完全否定一方，未必合适。例如，我们要做一件东西，一方面要想好，要靠思想，

←百科全书派成员之一的法国哲学家孔狄亚克

狄德罗肖像

一方面要动手，要靠身体。说这件东西完成了是因为有思想，这是唯心主义；说这件东西完成了是因为有双手有身体，这是唯物主义。如果只讲一方面，不考虑另一方面，这就是片面的。其实，哲学作为人的智慧，归根结底要在人所面临的思想与身体的矛盾中探索，唯物唯心的争论不会停息，否则人类就不会进步了。当然，唯物主义是真理，但是，不能是狄德罗这种简单的片面的唯物主义。

狄德罗说：“在宇宙中，在人身上，在动物身上，只有一个实体。”他所说的实体就是物质，他否认上帝和心灵实体的存在。狄德罗说得对，从实体、实在的含义讲，只有物质。狄德罗认为世界是统一的物质世界，它既不是神创造出来的，也不会毁灭，物质世界没有起点，也没有终点，是永恒存在的。

仅仅讲世界是物质的，坚持不了唯物主义一元论，必须说明精神是怎么回事。在17世纪，人们一直解决不了人的灵魂和身体的关系问题。自古以来，人们一直认为灵魂是一个实体，肉体是另一个实体。当人活着时，灵魂在肉体里，当人死去时，灵魂离开身体到另一个世界去。这种观点把灵魂和肉体看做两个各不相关的实在，叫作二元论，即两个本原。霍布斯最先提出了思维是肉体的机能的设想。与狄德罗同时代的

→正在编撰《百科全书》的狄德罗

哲学家、医生拉美特利具体地从解剖学和生理学角度论证了精神是肉体的机能和属性的观点。狄德罗对这个问题做哲学论证。他认为一切物质都具有一种感受性，只是程度有差别，低极的物体感受性迟钝，高级的物质具有活跃的感受性。感受性是可以转化、过渡的。例如：大理石作为石头，只有迟钝的感受性。可是，把它磨碎，拌在粪土里，长成植物，又被动物吸收，这就从死物转化为活物，从迟钝的感受性转化为活跃的感受性。人是最高级的物质，人具有最活跃的感受性，这就是人的精神。精神和思想是物质发展的结果，思维是人脑的机能和属性。解决意识的本质问题，肯定意识是物质的机能和属性，是坚持唯物主义一元论的前提，是建立辩证唯物主义物质观的思想资料，是狄德罗和法国唯物主义者的理论贡献。

狄德罗认为，运动是物质的属性，物质自身就具有运动的本性。这是他和法国唯物主义者的另一个重要理论贡献。物质自身运动是坚持唯物主义一元论的前提，牛顿在这个问题上有过困惑与失误。牛顿经过数学的、力学的研究，看到宇宙和太阳系按照力学规律和谐地进行运动。牛顿提出了问题，这样美妙的宇宙运动是怎么开始的呢？按照力学的惯性定律，物体静者恒静，动者恒动，没有外力，物体不会运动。行

←牛顿

星怎么会绕太阳运动的呢？牛顿的结论是，这“第一推动力”来自上帝，上帝创造了世界，赋予它以运动和规律，世界就这样运动起来了。这就是自然神论的观点。狄德罗认为，物体本身就有活动和力，物质本身之所以活动，是因为它的内部具有永恒的活动力，因此，运动是绝对的，世界中一切物体都在运动，运动是物体的存在方式，就是说，物质是以运动的方式

→狄德罗

存在的。狄德罗虽然不能像康德那样运用宇宙星云假说来说明太阳系及其运动的成因，但是，他关于运动绝对性的观点、关于运动是物质的存在方式的观点，已经否定了第一推动力，已经可以克服自然神论而走向无神论。

需要指出的是，尽管狄德罗主张运动的绝对性，但他理解的运动，仍然只是力学意义上的运动，即位置移动或机械运动。狄德罗还不可能理解世界的多样性和运动的复杂性，他的世界仍然只是无数物体组合成的整体，物体之间进行着永不休止的机械运动，一幅机械的世界图画。

需要提出的是，狄德罗具有进化论的思想萌芽，这是相当杰出的。在西方人的观念中，自古以来，上帝创造世界，上帝创造了什么，今天世界上就有什么。物种不变，既不产生新的，也不消灭旧的。人们从地下曾经偶然挖出一些生物化石，这些生物介于两个物种之间，似乎是这两个物种转变的中间状态。人们不敢这样想，这违背上帝创世、物种不变的信条，于是人们说，这些化石是上帝埋在地下的，为的是考验人们对他的信念和忠诚。虽然自古以来偶尔有人做一点物种进化的猜测，但都是偶然的，没有论证，没有系统理论。与狄德罗同时代的瑞典博物学家林耐，一直主张物种不变，只是到了晚年才对此有所怀疑。还是这个时代的法国博物学家布丰，已经有了物种可变的设想。最先从科学上提出生物进化学说的是法国博物学家拉马克，他比狄德罗晚几十年，狄德罗肯定不知道他的观点。看来，狄德罗处于转变时期，物种不变观念开始受到怀疑，但还没有成熟的进化论科学。狄德罗作为哲学家，他较为敏感地注意、思考了这个问题，提出了进化的设想。他认为，自然界的各种物质之间，并不是截然对立、永恒不变的，而是处于由低向高的发展过程中。一切物种，过去已经经历了漫长的变化，而且这种演变现在正在进行，将来也要继续演变下去。狄德罗接受并发挥了博物学家布丰关于物种可能来源于共同祖先的设想，他说："如果我们考查动物界，发现四足动物中间每一种都有某些机能和部分与另一种四足动物完全相似，我们岂不会心甘情愿地相信，曾经有一个时候，只有一种最初的动物，是一切动物的原型。"狄德罗设想，这种原型动物发生变化，由一种状态不知不觉地接近于另一种状态，这两种状态的区别并非十分明确，而且介于两种状态之间又有许多种类。生物物种就是这样，逐步地演化出来的。狄德罗不可能运用科学材料来论证进化观念，只能做出一般的设想和描述。他反对传统的认为物种一

←狄德罗塑像

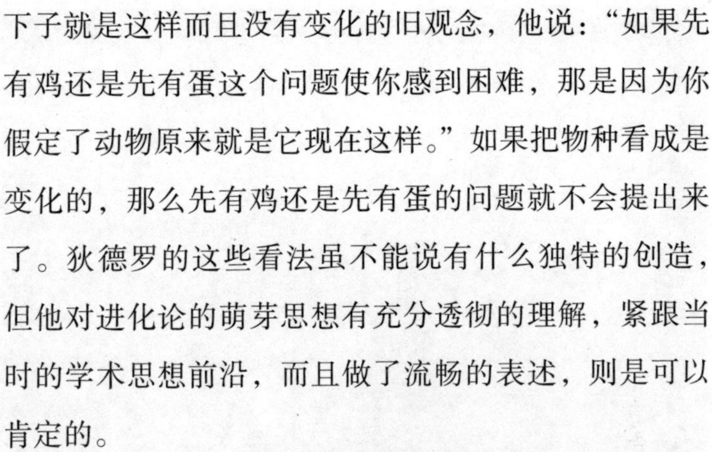

下子就是这样而且没有变化的旧观念，他说："如果先有鸡还是先有蛋这个问题使你感到困难，那是因为你假定了动物原来就是它现在这样。"如果把物种看成是变化的，那么先有鸡还是先有蛋的问题就不会提出来了。狄德罗的这些看法虽不能说有什么独特的创造，但他对进化论的萌芽思想有充分透彻的理解，紧跟当时的学术思想前沿，而且做了流畅的表述，则是可以肯定的。

狄德罗在认识论和科学方法论方面有比较全面的观点，他的观点接近于科学实践的真实过程。他看到，有两派关于认识的哲学观点，这两派争论了100多年。他指的是近代哲学以培根为开端的经验论和以笛卡尔为开端的唯理论。狄德罗说一派有很多工具而观念很少，另一派有很多观念而根本没有工具。他所谓工具指思维形式、逻辑原则、概念范畴等，唯理论有这方面，但唯理论否认认识起源于经验，使认识成为无源之水，因而缺乏实际内容，所以"观念很少"。他所谓"观念"，指人通过经验而获得的意识内容，经验论主张认识起源于经验，使得它"有很多观念"，但是，经验论否认思维的能动作用，反对任何既有的思维形式和概念，所以它"根本没有工具"。狄德罗稍后的康德也表达了同样的思想，康德说："思维无内容是空的，

←沉思中的康德

感觉无概念是盲的。”狄德罗认为，应该使两派联合起来：“真理的利益将要求那些思考的人终于肯和那些行动的人结合起来，使思辨的人免得从事运动，使操作的人在他从事的无限运动中有一个目标。”狄德罗的原则是杰出的，真理的方法不在唯理论和经验论的两个片面性当中，而在其结合的全面性当中，只是狄德罗不可能从理论上找到使两派结合的方式。由于看问题比较全面，而且又有制刀匠父亲的背景和百科全书工艺条目的实践，狄德罗的认识理论接近于伽利略提出的科学方法论。伽利略曾经把科学方法划分为4个步骤：1.要从事物的质与量两个方面进行观察、实验，并归纳整理事实；2.在这个基础上，将从观察、归纳中得到的事实，归结为一条简单的普遍定律；3.从这个简单的普遍定律出发，像从数学公理进行推论那样，演绎和预见事实；4.根据所预见的事实所由成立的条件，设计实验，满足条件，使预见事实出现，迫使自

→伽利略与他的学生

然回答问题，证实普遍定律的真伪。伽利略的这个方法是从科学实践中总结的，符合科学发现的事实。狄德罗认为，认识方法主要有三种：观察、思考和实验。认识像一条锁链，有许多环节，不能只强调某个环节，既要观察、实验，又要思考、推理。要像蜜蜂那样，既收集资料，又加工材料。狄德罗设想，为了推动科学的发展，科学家之间应该进行分工，一些人从事搜集材料，另一些人运用材料，进行思考，建立理论。这种科学分工是推动世界进步的杠杆。

相对比较而言，18世纪启蒙运动的思想家们，其兴奋点不在纯理论方面。德国哲学家都是些教授，其理论经过深思，严密而又深奥。法国哲学家都是些同当局对立的社会活动家和自由撰稿人，写作是他们的衣食之源，所以，他的作品短小，富于煽动性，普及而又热情。法国哲学家们更加关心的是用已有的理论去建立其自由、平等的社会思想，他们并不很关心纯理论的研究，因而，18世纪的启蒙哲学相对来说缺乏体系的完整性。就思想史来说，启蒙运动思想是极其重要的，甚至超过前面的英国和后面的德国；就哲学史来说，启蒙哲学的重要性则要逊于英国和德国。这是我们看待狄德罗哲学应当把握的分寸。

唯物主义的钢铁战士

狄德罗初登文坛时还是一个自然神论者，但不久便走向了无神论和唯物主义，为此被关进了巴士底狱。出狱后，他和达朗贝一起合编了《百科全书》，这是一部反对封建意识和天主教蒙昧主

义的巨著。狄德罗在哲学思想上最终达到了唯物论和无神论的时代高度，不过政治思想上仍主张开明君主制。

自从1774年从俄国彼得堡旅行回来，哲学家肌体中的某种东西好像无可挽回地松弛了。他以往的热忱消失了，而且身体再也没有从这次旅途劳顿中完全康复过来。1784年2月，即彼得堡之行10年后，狄德罗开始出现咯血现象，而且咳嗽不止，腰疼折磨着他，双腿浮肿，最后的几颗牙齿也掉光了。他的家人开始惊慌不安。就在这时，他的朋友格里姆向俄国女皇叶卡捷琳娜二世写了封信，说明了狄德罗所处的窘境。虽然过去10年了，但女皇对这个感情丰富而毫不拘束的法国人仍十分惦念，当时他的谈话曾给她留下令人着迷而眼花缭乱的印象，因此她让格里姆给他寻觅一处与他的荣誉和对人类的贡献相称的住所。格里姆选中了黎塞留街原贝松元帅的府邸。

对于死亡，狄德罗看得很淡。他在给索菲的信中曾这样说："生命只是漫长疲劳的日子，死亡却是长眠，棺材是安息之床，大地是枕头，最后把头放上去而不再抬起是甜蜜的。"没过多久，索

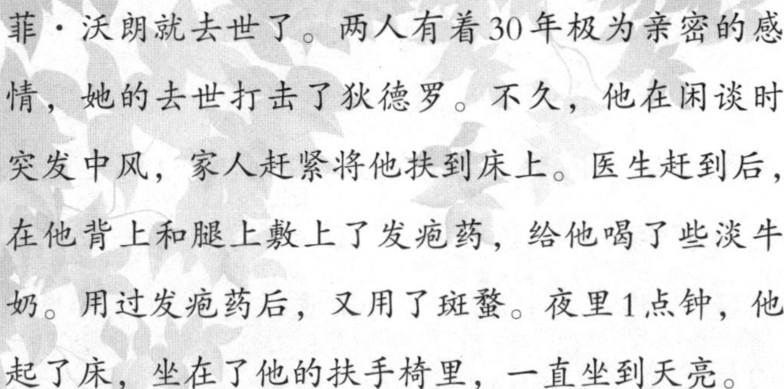

菲·沃朗就去世了。两人有着30年极为亲密的感情，她的去世打击了狄德罗。不久，他在闲谈时突发中风，家人赶紧将他扶到床上。医生赶到后，在他背上和腿上敷上了发疱药，给他喝了些淡牛奶。用过发疱药后，又用了斑蝥。夜里1点钟，他起了床，坐在了他的扶手椅里，一直坐到天亮。

此后，狄德罗开始进入谵妄状态。他用拉丁语和希腊语说了几位古人的墓志铭，边说边解释，还背诵了贺拉斯和维吉尔的诗句。第4天，谵妄停止了，然而以前的事他却什么也记不起来了。病情似乎有些好转，但其实是回光返照。家人为他请来了一位神父。狄德罗礼貌地接待了他。神父隐晦的话语中要求狄德罗“小小否认一下”，那一定会在世上产生极为可喜的效果。而且神父还特别提醒说，他曾不得不拒绝给伏尔泰葬地。狄德罗立即打断了他，说：“我懂你的话，神父！你不愿让伏尔泰安葬，是因为他不相信圣子的神性。好吧，我死后，随便人们把我葬在哪里都行，但我要宣布我既不相信圣父，也不相信圣灵，也不相信圣族的其他任何人！”

7月29日，预订的一张新床抬进了他的新家。

他对抬床上楼的工人们说："我的朋友，你们辛苦了，这张床我不会用上4天的。"傍晚，几位朋友来探望他，他们围在床前谈论人是通过哪些途径走向哲学的。狄德罗说："迈向哲学的第一步就是怀疑。"谁也没料到，这句话竟成了他作为思想家的临终遗言。

美与善

> 我们生活的世界，就是他的舞台。他的戏剧根据的是事实。他笔下的角色无不真实，无不来自社会之中……他的剧中人所遭受的苦难和考验，也就是生活中随时在威胁我的那些苦难和考验；他昭示的事物的普遍秩序，也是日常围绕我的那些普遍秩序。
>
> ——狄德罗

狄德罗以毕生的热血献身于科学事业，统率法兰西文化大军完成了科学史上的伟业。他是一位深沉的哲学家，思索着宇宙的奥秘和人类的本性；他是一位启蒙者，呼唤人们的良知和自由的天性，为平等的社会而战。这一切，我们已经谈过，同时，我们还必须说，狄德罗还是一位剧作家、文学家和艺术评论家。他不仅追求真与善，而且还为人类追求美。在他看来，真善美是个统一体，犹如西方人所熟知的圣三位一体。他说："地狱之门永远胜不过我的三位一体：真，是圣父；真产生善，善是圣子；由善而生美，美是圣灵。"

←狄德罗

根据天主教的说法，上帝只有一个，父、子、灵三者是同一个上帝的三种表现、三个位格，父、子、灵三个位格是一个本体。同样，人类精神也可以表现为三种形式，包括理智、情感、意志三个方面，这三个方面或三种意识形式追求的是真、善、美。只有真的才是善和美的，真与善的才会美。狄德罗作为一个全面的思想家，对真、善、美有全面的追求。

狄德罗写过一些小说，其中有些还成为名著。狄德罗最著名的小说是《拉摩的侄儿》，这是一部哲理小说，没有曲折的故事情节，仅是两个人的对话，即拉摩的侄儿（小说中的“他”）和狄德罗（小说中的“我”）两个人的对话，其中时常插上作者的感想和对

→《拉摩的侄儿》书影

←狄德罗

主人公的描绘。主人公实有其人，是当时法国音乐家若望·菲利普·拉摩的侄儿。狄德罗以真人真事为基础，运用他的想象力，加上夸张手法，简洁集中、突出生动地塑造了一个寡廉鲜耻但又细致敏锐的文人形象，并通过对话深刻地揭露了法国社会的黑暗。

拉摩的侄儿是个音乐家，不乏才能，但穷困潦倒，流落街头，和流浪歌手为伍，终于堕落成为贵族富人的食客。对他来说，生活的意义在于设法填饱肚子。他早上起来第一件事是想想在谁家吃午饭，午饭后便考虑到哪一个有钱人家去吃晚饭。只要吃饱，这一天

→狄德罗塑像

他就认为过得不错了。为了在富豪人家饭桌上保住一个席位，他乐于充当他们的小丑，装疯卖傻，阿谀奉承，让他们侮辱自己，使他们感到高兴。他要经常压抑自己的自尊心，放弃人的尊严。有一次，他偶然忍不住，“表露了理性和真实”，他立刻被驱逐，重新陷入饥饿之中。

拉摩的侄儿的形象相当复杂。他不是一个单纯的食客，他对音乐、戏剧、文学有一定的修养，对政治、社会、道德、教育各方面有自己的见解。他的谈话中穿插着许多意义深刻的警句。他说，在大臣们心目中，

"没有什么比谎言对人民更有用，没有什么比真理更有害"。他又说："我看见许多诚实的人，他们并不快乐；我又看见无数的人，他们快乐，却不诚实。"他看出金钱的威力和对人的精神的支配作用："一个人只要有钱，无论干什么都不会失去荣誉的。"他认识到金钱是罪恶的根源，他说他一旦发了财，也会成为"最蛮横无耻的流氓"。

他对道德问题谈得很多。对他来说，世界上没有绝对的真或假、好或坏、可敬或可笑、正直或邪恶，一切都取决于个人利益。他不愿意用自己的劳动来换取食物、衣服、金钱等，而甘当一个社会寄生虫，寄人篱下，受别人恩惠，也受别人的讪笑。他说，人的本性就是"牺牲同类来寻求自己的幸福"。他是一个极端自我中心的利己主义者。

拉摩的侄儿的艺术形象有代表性，这是法兰西一部分文人的写照，是那没落社会的写照，是法兰西的"阿Q"。《拉摩的侄儿》揭露性很强，狄德罗从启蒙思想家的角度出发，通过主人公的卑鄙丑恶行为，也通过他那些有的正确、有的谬误的言论，谴责了人欲横流的法国"上流社会"。拉摩的侄儿是这个社会制造出来的恶徒，他又反过来影响这个社会，"像酵母一样开始发酵"，制造出更多的恶徒。他知道自己的行径是无

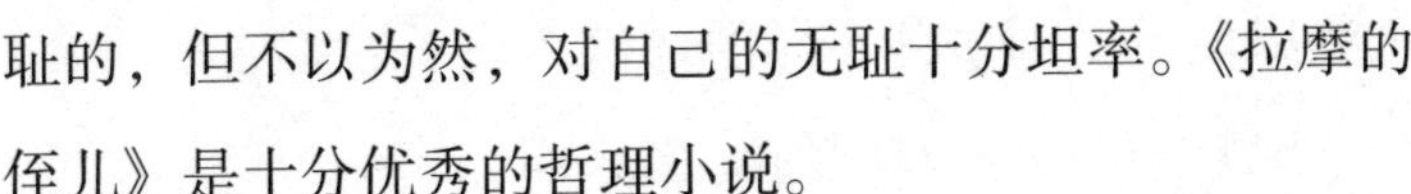

耻的，但不以为然，对自己的无耻十分坦率。《拉摩的侄儿》是十分优秀的哲理小说。

狄德罗的另一部著名小说是《修女》。苏姗娜·西蒙南是一个天真无邪的少女，对生活无限喜爱。天主教会硬把她关在修道院里，要她过违反自然的生活。她忍受不了女院长的无耻行为和对她的迫害，逃出修道院。法院不但不保护她，反而和教会一起迫害她。她下定决心，如果教会逼她回修道院，她宁肯自杀了此一生。小说通过一个受迫害的少女的形象，揭露了天主教的黑暗与反人性，表达了人要求幸福，要求自由的愿望。

→《修女》书影

狄德罗还创作了一些戏剧，如《私生子》《一家之主》等，这些戏在巴黎剧院中上演，并获得了成功。这些戏上演以后，受到多种多样的评价，为了回答这些评价，狄德罗写了许多论戏剧的文章。

狄德罗还有许多艺术评论的论文，评论油画、音乐等各种作品。

狄德罗奋斗了几十年，取得了难以想象的成果，他成为法兰西的骄傲，法兰西的国宝。但是，他是一位启蒙思想家，他不会被封建政权所接受。封建政权要首先考虑自己的利益，不会把人类、民族的利益放在首位。狄德罗无法进入法兰西学院，法国国王认为那里的哲学家和无神论者已经够多的了。

1773年，誉满欧洲的狄德罗第一次跨出国门，他要取道荷兰到俄国去。他想去到一个最落后的国家之前，先到一个最发达的国家。去荷兰海牙他可以获得有关自由贸易、明智政治、开化风尚等具体知识，以便于向俄国女皇叶卡捷琳娜提出建议。

俄国女皇邀请狄德罗并不是赞赏他的思想，而是出于国内政治的考虑。俄国的启蒙运动已经如火如荼，女皇无法公开反对。她要搞一个官方的启蒙运动，披上开明的外衣。她要公开地成为启蒙思想大师的学生，以便对抗启蒙运动。而狄德罗是要借这次同女皇的接触，在俄国出版一套完整的《百科全书》。

俄国女皇授予狄德罗帝国科学院院士称号，以赢

→狄德罗

得欧洲舆论。

狄德罗1773年10月22日到达彼得堡，1774年3月5日离开，用22天的时间返回海牙，回到法国。

狄德罗的俄国之行没有结果。1776年，他给女皇发了一封措辞激烈的信，指责她没有信守诺言，没有出版《百科全书》。看来，这时狄德罗已经彻底抛弃了关于共和国可以在“俄国女皇”的招牌下存在的幻想。

狄德罗从俄国回来，人们发现他变态了，但他仍然坚持写些东西。1784年，狄德罗病危，他得了肺水肿。教区牧师来了，希望这位无神论者皈依天主教，放弃以前的观点，发表一个声明，并说这可以给人们留下美好的印象。狄德罗说，如果他这样做，就等于无耻说谎。多么伟大、诚实的哲学家。

1784年7月31日，狄德罗与世长辞。他留下来的最后遗言是：“走向哲学的第一步就是不信神。”

教堂记事簿上关于安葬的记录写着：“1784年8月1日，德尼·狄德罗安葬于本教堂，享年71岁，生前曾任柏林科学院院士、斯德哥尔摩科学院院士、圣彼得堡科学院院士、叶卡捷琳娜二世女皇陛下图书管理人，于昨日，即7月31日亡故。”

路易十五曾经不让狄德罗成为“不朽者”，即法兰西学院的院士，但他不能阻止狄德罗成为一个永垂不朽的人，虽死犹生的人。

狄德罗的美学思想

狄德罗依据唯物主义观点，提出了“美在关系”说。认为“美”是一个存在物的名词，它标记着存在物一种共有的性质，这个共有的性质就是“关系”，这就是“美在关系”的含义。“美在关系”就意味着美在事物的客观性质，事物的性质是美的根源。狄德罗还认为“关系是悟性的一种作用”。根据这一点，他把“关系”基本上分为实在的关系、察知的关系和虚构的关系。与这三类相应，美也分为三种：“实在的美”，又称为“在我身外的美”；“见出的美”，又称为“与我有关的美”；“虚构的美”，实际是艺术家创造的艺术作品的美。

按照“美在关系”的观点，狄德罗解释了现实美和艺术美。他把艺术美看做“模仿的美”。他主张艺术效法自然，反对仿古，反对墨守成规，认为大自然高于艺术，自然美高于艺术美。但是，狄德罗作为启蒙运动思想家，并不甘愿作自然的追随者，所以他又认为艺术真实既不应违背自然真实，又不等于自然真实，艺术真实必须符合艺术家的理想，符合他所虚构的关系。而在艺术美的现实和理想两个方面，他又更重视理想。

狄德罗认为，审美鉴赏不单是审美感受力，也是审美创造力，美感是和一个人的想象、敏感和知识成正比例增长的。从审美创造来说，审美鉴赏是指“趣味”和“天才”。趣味创造作品是依据法则的知识，只能产生一些“惯性的美”。狄德罗把趣味、天才同审美感受区分开，又把趣味同天才区分开，没有充分注意到它们之间的相互联系和彼此渗透的复杂关系。依“美在关系”的观点，狄德罗还考察和研究了审美判断的标准以及审美判断产生分歧的原因。他的美学思想，上承亚里士多德，下启车尔尼雪夫斯基，在西方美学史上有重要的地位。

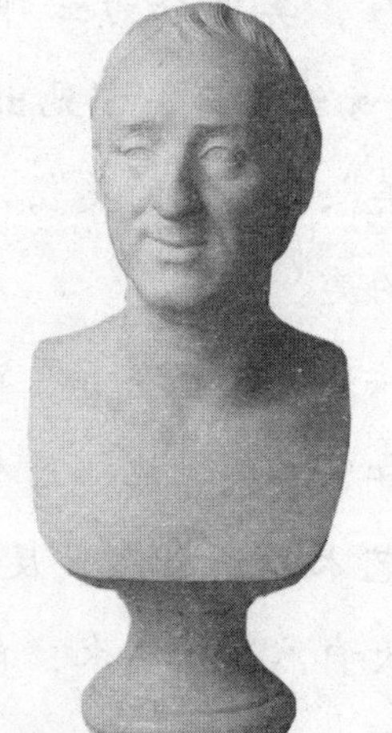